Echsenhaut

Missbrauch, Mobbing, Alkohol
und der befreiende Weg
zu meinem inneren Frieden

Gabriele Maria Simondes

Bibliografische Information der Deutschen Nationalbibliothek: Die Deutsche Nationalbibliothek verzeichnet diese Publikation in der Deutschen Nationalbibliografie; detaillierte bibliografische Daten sind im Internet über dnb.dnb.de abrufbar.

Herstellung und Verlag:
BoD – Books on Demand, Norderstedt

ISBN: 978-3-7528-7786-1

Herzlich bedanke ich mich bei meiner Cousine Beate für die Durchsicht des Manuskriptes, sowie für die weitere Unterstützung.

Hinweis:
Bei Bezeichnungen für bestimmte Personen-gruppen, wie etwa Therapeuten, habe ich aus Gründen der leichteren Lesbarkeit zumeist die grammatikalisch männliche Form verwendet. Selbstverständlich sind dabei auch weibliche Angehörige der jeweiligen Gruppe gemeint.

Jetzt werden die Schleier der Tabuisierung beiseite geschoben. Es wird geredet.

Inhalt

Entzündete Kinderseele –
entzündete Familie 9

Seelenmechanismen: Die guten
ins Bewusstseinstöpfchen,
die argen in das Wartezöpfchen.
Verdrängung und Synthese 23

Weichen stellen – Früchte ernten 37

Seelenland unter Wasser 59

Strauchelnde Seele –
strauchelnde Finanzen 113

Surfen an der Grenze des Todes,
um dem Tod zu entwischen 125

Das zähe Luder beißt sich durch 133

Seelen-Nasen-Profil-Neurose 179

Der Hase suchte Ackerland.
Er stets den grantigen Igel fand 191

Ernte aus Sironas Füllhorn 199

Literaturverzeichnis 211

Entzündete Kinderseele – entzündete Familie

Es gibt Gesichter, die eine Art von Unberührtheit und Frieden ausstrahlen, die ich als Kind immer wieder fasziniert betrachtet habe. Ob sie freundlich oder arrogant wirken, beschäftigt oder sinnierend, wie auch immer. Die selbst dann irgendwie entspannt wirken, wenn sich die jeweiligen Personen gerade aufregen. Die glatter sind als meines auf eine Weise, die ich nicht verstand. Warum das so war, darüber grübelte ich damals nicht nach.

Mein eigenes Gesicht fand ich trotz der kindlichen Proportionen verkrumpelt und irgendwie verbraucht. Komplexe hatte ich ohnehin und fühlte mich niedriger stehend als Andere. Irgendwann später hatte ich eine für mich plausible Antwort gefunden, warum mir meine Gesichtszüge so ausgeleiert vorgekommen waren.

Heute, mit fast 60 Jahren, finde ich mich hübsch und kann meinem Leben viel Positives abgewinnen. Intensiver vielleicht als jemand, der nicht die Folgen solcher seelisch zerrüttender Erlebnisse zu verarbeiten hatte, wie ich sie im Folgenden schildern werde. Der Weg war steinig, aber auch von stetigen Erfolgen des Hinzulernens begleitet.

Schmerzhafte Begebenheiten zu schildern fällt mir nicht leicht, da es bedeutet, mich an diese Ereignisse zu erinnern. Andererseits wird es mir gut tun.

*   *   *

Die Gegend, in der ich aufgewachsen bin, ist idyllisch. Das Haus, das sich noch heute im Besitz eines Familienangehörigen befindet, steht am Rand eines Dorfes, das früher von bäuerlichem Charakter geprägt war. Rückwärtig grenzt das Grundstück an einen Wald. In einem der angrenzenden Häuser lebten unsere Großeltern und andere Verwandte.

Der Wald hatte einerseits etwas Beängstigendes. Als jüngere Kinder trauten wir uns alleine nicht weit hinein. Mit zunehmendem Alter aber erweiterte sich der Umkreis, der beim Spielen und Erkunden zu unserem Revier gehörte, und der Wald offenbarte immer mehr seiner Faszination. Die hohen Tannen, das Dickicht, die verschlungenen Wege, die in unendliche Tiefen zu führen schienen, bereicherten unser kindliches Alltags- und Phantasieleben.

Meine Kindheit war beides, grausam und behütend. Dabei meine ich behütend durchaus positiv, denn in dieser Familie mit mehreren Kindern war immer was los. Ich erinnere mich an viel Schönes. Oft kamen Verwandte zu Besuch, die das soziale Leben unserer Familie bereicherten. Unsere Eltern waren für uns da, aber es gab auch viele Konflikte, die – trotz teilweiser längerer Streitereien – nach allen Regeln der Kunst unter den Tisch gekehrt wurden.

Im Garten hatte unser Vater unter einer Föhre eine Sitzgruppe aus verschiedenen Holzteilen errichtet, die einen Ort sozialer Zusammenkünfte bildete. Viele schöne Erinnerungen habe ich daran, ebenso wie an gemütliches Zusammensitzen im Haus, zum Beispiel zu gemeinsamen Mahlzeiten oder zu vorweihnachtlichem Advent feiern.

Weihnachten gab es häufiger Streitereien. Aber die Heiligabende hatten eine Atmosphäre von Wohlwollen und Innigkeit, was wahrscheinlich auch ein Grund war, warum sich an solchen Abenden oft weitere Verwandte zu uns gesellten.

Überhaupt gehörte es zu den Highlights für uns Kinder, wenn Onkel und Tanten zu Besuch kamen, von ihren Reisen erzählten oder mit uns spielten. Oder wir gingen alle zusammen zum Baden. Heute kann ich es mir kaum noch vorstellen, wie die Erwachsenen damals Verpflegung für eine etwa zehnköpfige Schar (inklusive Cousinen und Cousins) auf einen Leiterwagen packten und sich der Tross dann zu Fuß auf den locker drei Kilometer langen Weg zum nächsten Fluss machte. Landleben in den Sechzigern und Siebzigern eben.

In meiner Jugendzeit habe ich die Gegend mit dem Fahrrad erkundet, mich mit Freundinnen getroffen, meine ersten Flirts, usw., erlebt.

Probleme gab es mit Verwandten auch in rauen Mengen, insbesondere mit einer engen Verwandten meiner Mutter, deren schwieriges Verhalten jahrelang für die Ehe meiner Eltern eine starke Belastung darstellte. Auch für uns Kinder war es deswegen oftmals schwierig.

Zudem hat meine Mutter unsere Familie nicht so von den Familien ihrer Geschwister abgegrenzt, wie ich es mir gewünscht hätte. Unsere Cousins und Cousinen waren unsere Alltags-Spielgefährten, und wir mochten uns, zumindest die meiste Zeit. Aber durch die Offenheit zwischen den Familien gab es weniger familiären Schutzraum, als ich gebraucht hätte. Der Mangel an schützenden Grenzen wurde zu einem Dauerthema meines Lebens. Noch heute ist mein Alltag geprägt von Gefühlen, mich nicht genügend abgrenzen und schützen zu können.

*   *   *

Zu meinen frühesten Erinnerungen gehört, wie meine Mutter am Tisch sitzend ein Geschwisterchen stillt, während ich auf dem Boden sitze und spiele. Mit meinen älteren Geschwistern ging es teilweise lebhaft zu.

Ich war ständig das Problemkind, hatte Angstzustände, urinierte im Schlaf ins Bett. Oft bekam ich zu hören, was man wegen meiner schlechten Nerven für Sorgen hätte. Meine angeblich schlechten Nerven mussten für vieles herhalten. Meine Eltern waren mit der familiären Situation wohl häufiger überfordert.

Das Bettnässen ging etwa, bis ich in die Schule kam, dann hörte es auf. Am ersten Schultag weinte ich. Einige Zeit später war ich stolz, dass ich bleiben durfte, derweil andere nochmal ein Jahr warten mussten bis zur Einschulung.

Während der Schulpausen war ich viel allein, stand am Rande des Geschehens und traute mich nicht, zu den anderen Kindern hin zu gehen und mitzuspielen. Ich fühlte mich als Außenseiter. Leistungsmäßig klappte meine gesamte Schulzeit mit gewöhnlichem Durchschnitt. Wann genau ich Freundinnen bekam, weiß ich nicht mehr, aber ab der dritten, vierten Klasse dürfte es diesbezüglich halbwegs normal gelaufen sein.

Meine Nächte waren ein Horror wegen Alpträumen, starker Angstzustände vor dem Einschlafen und auch wegen nächtlicher Unruhe, teilweise gepaart mit einem Gefühl, als würden Heerscharen von Ameisen durch meinen Körper laufen. Mein Nervensystem war damals hoffnungslos überreizt. Gegen das Attribut „schlechte Nerven" wehre ich mich heute dennoch. Man könnte auch sagen, ich habe Nerven wie Drahtseile, nach dem, was ich alles überstanden und bewältigt habe.

Tagsüber hatte ich auch Ängste. Längere Zeit konnte ich nicht mal allein auf die Toilette gehen. Meistens ging jemand mit. Allein in das Obergeschoss oder in den Keller zu gehen, vermied ich ohnehin. Es war für mich sehr stressig. Musste es doch mal sein, bin ich einzelne Etappen schnell gelaufen, dicht an der Wand entlang, um am Ende der schützenden Wand innezuhalten und erst mal um die Ecke zu blicken, ob auch ja niemand Gefährliches kommt. Dann schnell über den freien Raum zur nächsten schützenden Wand und wieder erst mal schauen. In alle Richtungen schauen, dann erst ging es weiter, mit Herzklopfen und Ängsten wie eine Gejagte.

Mir kommen keine Tränen, während ich dies niederschreibe, aber ich könnte lachen. Ob es ein erheitertes Lachen wäre, ist die andere Frage. Ich denke an einen Zeichentrickfilm aus meiner Kindheit, in dem ein Spion stets die Farbe der Wand, an der er entlang lief, angenommen hat, um sich zu tarnen. So wie das kommt mir mein damaliges Verhalten vor. Themen wie „mich unsichtbar wünschen" oder „leider übersehen werden" spielten in meinem späteren Leben immer wieder eine Rolle.

Die Crux jedenfalls: damals wusste ich nicht, wovor ich Angst hatte. „Schlechte Nerven" halt. Immer wieder habe ich gruslige Filme angeschaut, hatte Angst vor Skeletten, außerirdischen blauen Lichtern und allen möglichen angsteinflößenden Figuren, die sich die damaligen Filmemacher hatten einfallen lassen.

Zu denken gab mir ein Film, dessen Geschichte aus der Perspektive eines Geistes erzählt wurde. Wenn das Geisterdasein gar nicht so schlimm ist, dachte ich mir, wovor habe ich dann Angst? Bin in Gedanken immer wieder diverse Filmszenen durchgegangen und schließlich zu der Erkenntnis gelangt, dass der Gipfel meiner Ängste der Moment ist, in dem der Geist, Außerirdische oder sonstige Angsteinflößende den Anderen berührt.

Angst davor, angefasst zu werden. So viel Einsicht in ihre ergründlichen Tiefen hat meine Seele damals zugelassen, mehr nicht. Später, im Jugendalter ist mir bewusst geworden, dass meine Angst unabhängig von den auslösenden Objekten existierte. Womit ich mich halt zuletzt beschäftigt hatte, gefräßiger Hai, mordendes Monster oder was auch immer, hat eben den Projektionsinhalt geliefert. Später, als ich ca. 25 Jahre alt war (während meines sozialwissenschaftlichen Studiums), bin ich zu der Auffassung gelangt, dass meine nächtliche Atemlosigkeit, sowie die Befürchtungen, im Schlaf zu Atmen aufzuhören, nur eine andere Form meiner Ängste darstellten.

Die Ängste haben sich stets der Logik meines jeweiligen Lebensalters angepasst. Irgendwann brauchte es kein Objekt mehr. Die Ängste existierten einfach, waberten im Raum meiner Seele vor sich hin. Allerdings finden die Projektionsmechanismen noch immer statt. Alltagskonflikte lösen bei mir in stressigen Zeiten deutlich stärkere Ängste aus, als die jeweilige Situation es rechtfertigen würde. Bekomme dann häufig Adrenalinstöße, innere Unruhe bei gleichzeitiger Erschöpfung, usw. In solchen Zeiten kreisen meine Gedanken ständig um das vermeintlich angstauslösende, z. B. aufdringliche Belästiger, Unfallgefahren oder meine Wohnsituation. Zudem stellen sich Phantasien ein von eskalierenden Gefahrensituationen. Darauf gehe ich später noch ein.

Jedenfalls wollte ich als Kind über einen längeren Zeitraum stets bei meinen Eltern schlafen. Zeitweise gab es all-abendlich diesbezügliche Diskussionen. Konnte ich nicht bei meinen Eltern nächtigen, wollte ich wenigstens bei einem meiner Geschwister schlafen. Die allerdings hatten irgendwann auch genug davon. Ich war eine Plage.

Schlief ich allein in meinem Bett, habe ich mich bis unters Kinn eingemümmelt, mich gerade auf den Rücken gelegt, meine Arme eng neben mir liegend und meine Beine eng geschlossen. Bewegt habe ich mich dann nur noch, um zu kontrollieren, ob auch niemand zum Fenster oder zur Türe reinkommt. Das jedoch habe ich Abend für Abend alle paar Minuten gemacht, bis ich endlich in einen erschöpften Schlaf gefallen bin. Ebenso gehörte das tägliche unter das Bett schauen vor dem Schlafengehen zum Ritual.

Noch heute im Alter von fast 60 Jahren habe ich nachts ein kleines Licht an, da ich im Dunkeln Angst habe. In meiner Kindheit verursachte es häufiger Konflikte, dass ich nachts ständig Licht anhaben wollte.

*   *   *

Mit mehreren älteren Geschwistern hatte ich es nicht immer leicht. Aussprechen konnte ich nur, was ich gesagt hatte, bevor mir der erste ins Wort fiel. Dass man mir das Wort abschnitt, war üblich, weswegen ich es mir angewöhnt hatte, immer schneller zu sprechen. Häufig durfte ich mir anhören, ich würde sprechen wie ein Schießgewehr. Auch später noch, während meiner kaufmännischen Lehre, habe ich derartiges Feedback bekommen.

Dieses, mich nicht aussprechen zu lassen, ist ein tiefer gründendes Thema. Erst später im Erwachsenenalter bin ich zu der Einsicht gelangt, dass auch meine Mutter schon früh in meiner Kindheit meine Redebeiträge systematisch unterbunden haben muss. Jedenfalls tat sie es die meisten Jahre meines Lebens als Jugendliche und Erwachsene. Was ich an Gewalt erfahren habe, hätte ich mit Sicherheit gerade als Kind aktuell mitteilen wollen. Um Trost zu erfahren, beschützt zu werden, usw. Bewusst denkt ein Kind ja nicht darüber nach, warum es etwas aussprechen will. Es muss wie spritzend aus mir hinaus gedrängt haben.

Ich kannte es aber seit früher Kindheit, soweit meine Erinnerung reicht, nicht anders als so, dass ich verstockt war, meine Ängste einen Raum um mich herum bildeten, in dem ich allein gelassen war und mich traurig selbst durchbeißen musste. In meinen nächtlichen Alpträumen lebte ich manchmal hoch oben über der Erde in einer Art Raumschiff, in dem es außer mir nur einen mutterähnlichen Roboter gab, der mich mit dem Nötigsten versorgte, sonst niemanden. Einsamkeit potenziert.

* * *

Ich war das schwarze Schaf, der Blitzableiter der Familie. Streitigkeiten und Probleme gab es – insbesondere in meiner früheren Kindheit – zuhauf. Meine angeblich schlechten Nerven durfte ich mir regelmäßig anhören, insbesondere als Ursache familiärer Konflikte. Mein Selbstwertgefühl war am Boden.

Ein Gewaltbereiter – ich nenne ihn X.[1] – hat keinen Hehl daraus gemacht, dass er mich hasst. An körperliche „Erziehungsmethoden" wie Kopfnüsse erinnere ich mich. Die allerdings haben auch einige meiner Geschwister abbekommen. Das hörte erst auf, als wir uns nachhaltiger bei unserer Mutter darüber beschwert hatten, bis sie es ihm verbot.

Als ich in die Pubertät gekommen war und angefangen hatte, mit Freundinnen auszugehen, bekam ich in der Familie zu hören, im Dorf würde schlecht über mich geredet werden. X. sei zu Ohren gekommen, dass man mich für eine Nutte hielt, die es mit vielen treibe. Meine Mutter tat ein Übriges, indem sie mir eines Morgens erklärte, ich würde richtig runtergekommen und abgelebt ausschauen. Scheints hat sie gehofft, mich dadurch auf einen angeblich besseren Weg führen zu können.

Wie gesagt, es gibt auch viele schöne Erinnerungen an meine Kindheit. Zum Beispiel wünschten sich einige von uns irgendwann, unsere Eltern sollten, bevor wir aus dem Haus gehen, uns als Segenswunsch mit den Fingern je ein Kreuz auf Stirn, Kinn und Brust zeichnen und uns ein Küsschen dazu geben. Dies haben unsere Eltern darauf hin jahrelang getan, und zwar aufrichtig und überzeugend. Wir wuchsen in dem Gefühl auf, dass unsere Eltern uns lieben und für uns da sind. Und das soziale Leben in der großen Familie hatte viel Schönes.

Aber es gab eben auch die anderen Bereiche. Ich war nicht anders als die anderen Mädchen aus meiner Schule. Wir gingen tanzen, trafen uns mit Jungs, flirteten, unternahmen Ausflüge, orientierten uns. Wir lebten das damals auf dem Dorf übliche Leben junger Leute.

Viele Jahre, bis ins Erwachsenenalter hinein, habe ich wirklich geglaubt, dass ich eine Schlimme bin, eine mit einem schlech-

---

[1] Die Bezeichnung „X." habe ich willkürlich gewählt zur Benennung dieser Person. Der Buchstabe „X" steht in keinerlei Verbindung zum realen Namen einer der beteiligten Personen.

ten Ruf, die eigentlich kein Mann heiraten könne. Das war mein Geheimnis, darüber habe ich mit niemandem gesprochen.

Wann genau ich anfing, das alles in Frage zu stellen, weiß ich nicht mehr. Es war für mich ein Akt aufgeklärten Selbstbewusstseins, zu erkennen, dass diese Meinungen über mich nicht nur kleinkariertes dörfliches Geschwätz waren, sondern – was viel wahrscheinlicher ist – überhaupt nur eine Erfindung von X., die dann in missglückten Erziehungsversuchen aufgebauscht worden war. X. hat auch Jahre später nichts unterlassen in seinen Versuchen, mein Ansehen zu schänden und meine Persönlichkeit zu zersetzen.

Mit welchen inneren Motiven der variantenreiche Ausdruck seines gnadenlosen Hasses mir gegenüber korrespondierte, weiß ich nicht.

Als gelassenen Pazifisten würde ich X. nicht gerade bezeichnen. Und ich – etliche Jahre jünger als er – war ihm lange Jahre wehrlos ausgeliefert.

*   *   *

Als ich vor mehreren Jahren M.-F. Hirigoyens Buch über Seelische Gewalt im Alltag[2] gelesen habe, dachte ich, dass ich nun weitere Erkenntnisse bekommen würde über das Mobbing, das ich bei einem meiner früheren Arbeitgeber erlebt habe. Über dieses Mobbing werde ich später in diesem Buch noch berichten.

Stattdessen löste die Lektüre dieses Buches über seelische Gewalt in meiner Erinnerung einen Sturzflug in die Zeit meines Erwachsenwerdens aus.

Wann genau die psychisch zermürbenden Schikanen angefangen haben, weiß ich nicht mehr. In meiner Kindheit und Jugend

---

[2] Siehe Literaturliste am Ende des Buches

gab es, wie gesagt, neben den Problemen auch viel seelisch Nährendes. Allerdings nicht von X.

Im Jugendalter, mit meinem zunehmenden selbständig werden, war es schon voll am Laufen, dass X. nichts mehr gelten ließ, was ich sagte. Angefangen hat es schon viel früher. Wann genau, weiß ich nicht mehr genau. Viele Jahre lang gab er mir nachhaltig zu verstehen, dass er meine Beiträge für Unsinn und mich überhaupt für eine unmögliche Person hält, deren Anwesenheit man halt erdulden muss, weil sie lästigerweise da ist. Herabsetzendes und destabilisierendes Verhalten von X. mir gegenüber war der Alltag.

Versuchte ich nachzuhaken, was ich denn falsch machte oder was an mir so schlimm sei, larvierte er nur rum und verweigerte letztlich eine Aussprache. Abgesehen davon war ich ohnehin nicht gerade mit herausragenden Konfliktlösekompetenzen gesegnet, denn in unserer Familie regierte im Wesentlichen die Methode des Konflikte unter den Tisch Kehrens.

Seine Geringschätzung und sein Spott mir gegenüber waren oft nur in seiner Mimik erkennbar oder zum Beispiel darin, dass er Äußerungen meinerseits überging. Dieses Verhalten ermöglichte es den Gesprächen, weiter zu laufen, weswegen meine Ausgrenzung für andere teilweise nicht so offensichtlich gewesen sein dürfte. Dass niemals jemand mitgekriegt hätte, wie es mir ergeht, kaufe ich allerdings auch keinem ab.

Ich hatte die abwertenden Botschaften im Laufe der Zeit so verinnerlicht, dass ich mich selbst – trotz meiner Erfolge im Beruf – für eine schlechte Person hielt. Ich erinnere mich, dass ich bereits, als ich noch zuhause wohnte, Selbstmordgedanken hatte. Dabei habe ich keinen Zusammenhang zu den destabilisierenden Kränkungen gesehen. Erst rückblickend offenbarte sich mir das Ausmaß dieses psychisch zersetzenden Verhaltens, dem ich viele Jahre lang ausgesetzt war. Meine schlechte nervliche Verfassung und die daraus resultierenden Probleme lieferten auch in dieser Zeit weitere Alibis dafür, Schuldigkeiten mir zuzuschieben.

Verschärft wurde das Ganze für mich noch dadurch, dass X. ein anderes Kind im familiären Umfeld über alles liebte. Diesem Menschen zollte er Anerkennung und verstand sich einfach prächtig mit ihm. Das verschärfte diese Botschaft, dass alle Probleme nur im Zusammenhang mit mir bestünden.

Ich hingegen hatte mir schon angewöhnt, bei Familienfeiern von vornherein ein trauriges Gesicht aufzusetzen (und fühlte mich wirklich schlecht), weil die Attacken dann eher schwächer ausfielen. Ganz ausgeblieben sind sie nicht. Fröhlich oder ausgelassen sein durfte ich nicht, selbstbewusst schon gar nicht.

Ohne Ende habe ich die ganzen Jahre lang versucht, besonders kluge und nur wohlüberlegte Dinge zu sagen und gerade X. zuvorkommend zu behandeln. Aber nichts fruchtete. Nichts, das von mir kam, konnte auch nur näherungsweise vor ihm bestehen.

Damals habe ich meine Ohnmacht nicht wahrgenommen, nicht begriffen, dass ich es ihm nie hätte recht machen können. Nicht, wenn ich einen Preis gewonnen hätte für irgendetwas, das ich besonders gut gemacht hatte. Der wäre halt dann als tragischer Fehler deklariert worden, und ich als besonders Verruchte, falls ich ihn widerrechtlich hätte behalten wollen.

*   *   *

Als Kind hatte ich mir angewöhnt, ständig auf der Hut zu sein, die Stimmung der Leute mit Argusaugen zu beobachten, Gebärden, Mimik, Stimmlage, usw., um mögliche Gewaltausbrüche rechtzeitig erkennen und fliehen zu können. Dieses überaufmerksame Beobachten wurde durch die psychische Gewalt in meiner Jugend und meinem frühen Erwachsenenalter weiter trainiert. So was macht man nicht bewusst. Es funktioniert instinktiv, so wie ein Tier in Deckung geht, wenn eine Gefahr droht. Nur war die Gefahr für mich das Gewohnte. Von so etwas wie innerer Ruhe konnte ich nicht mal träumen. Ich hatte keine Vorstellung davon.

Den Begriff „psychische Erschöpfung" kannte ich damals ebenfalls noch nicht. Mein Alltag war, dass ich mich kraftlos fühlte und mir dachte, dass ich halt ein schwächlicher Mensch sei. Auch meine Mutter verklickerte mir üblicherweise, dass sie eine schwächliche Konstitution und schlechte Nerven meinerseits für die Ursache meiner Probleme hielt.

Ich erinnere mich, dass ich als Kind irgendwann nach einem EKG die Diagnose „nervöses Herz" bekam. Später, als junge Erwachsene, ging ich einmal zum Arzt, weil ich auf meinem Kopfkissen rötliche Flecken entdeckt hatte und befürchtete, etwas könnte mit meinen Augen nicht stimmen, ich hätte Blut in den Tränen. Meine Augen waren gesund – das sind sie noch immer. Allerdings wurde ich gefragt, warum ich denn weinen würde. Ich weiß nicht mehr, was ich geantwortet habe, aber ich weiß, dass ich die Geschehnisse in meiner Familie damals bei weitem nicht in ihrer psychisch zersetzenden Bedeutung erkennen konnte.

Vor etwa einem Jahr habe ich eine Übung mitgemacht, bei der man seine Schritte zählen sollte. Diese Übung passte zu meinen Diagnosen wie die Faust aufs Auge. Mit meinem Zählzwang kam das für mich der Aufforderung gleich, meinen Zwang auszuleben.

Während dieser Übung habe ich wieder darüber nachgedacht, dass sich dieses alltagsmäßige Zählen in meiner Kindheit wohl entwickelt hat als Methode der Angstreduzierung, und um meine Aufmerksamkeit im Hier und Jetzt zu halten. Um mich mit meinem angstvoll umher wabernden Bewusstsein irgendwo festzuhalten. Ähnlich wie die Methode, bei Stress etwas anzufassen, um sich durch diese zusätzlichen Sinnesreize zu erden.

Im Moment denke ich nach über einen Zusammenhang zwischen dem „sich verlieren" als Begleitzustand der Angst, und diesem gefühlsmäßigen „aus dem Körper aussteigen" während der Gewalttaten (Flucht wenigstens imaginiert, wenn keine reale mehr möglich ist). Es kommt mir vor, als würde einen die Angst schon mal an den befürchteten Zustand gewöhnen, sozusagen als Bewältigungshilfe.

Dieser Angst-Begleitzustand ist bei mir generalisiert und findet weiterhin statt, obwohl die Gewalttaten schon längst Vergangenheit sind.

Vergangenheit sind aber nur die Taten selbst. Ihre Folgen prägen meinen Alltag bis heute: mein Empfinden, auch meine physische Konstitution, mein Sozialleben, mein gesellschaftlicher Rang, und weiteres.

Ich litt – mal mehr, mal weniger – an einem Handwaschzwang. Meine Ängste bezogen sich wohl am ehesten auf Sekrete, waren aber nicht so eindeutig abzugrenzen. Für mich war es stressig, wenn ich etwas in die Hand nehmen sollte, das schon jemand Anderes angefasst hatte. In starken Stresszeiten scheinen solche Empfindungen auch heute noch auf.

Auch meine Handflächen beinhalten einen besonderen Zugang zu meiner Seele. Was meine Handflächen berührt, berührt meine Seele. Berührt mich innerlich. Jetzt gerade denke ich an die psychischen und symbolischen Äquivalenzen zwischen Nahrungsaufnahme einerseits und Sinnesreizen in den Handflächen andererseits.

Seelenmord. Wenn ich dieses Wesen in schwerer seelischer Not anschaue, möchte ich es umarmen und trösten

Seelenmechanismen:
Die guten ins Bewusstseinstöpfchen,
die argen in das Wartezöpfchen.
Verdrängung und Synthese

Ich liege im Gras. Die Sonne ist weg, alles ist plötzlich nur noch grau und vibrierend vor Panik, die weiß, was jetzt wieder kommt. In mir zieht sich alles zusammen. Wie ein Gewitter erschüttert es schon im Vorhinein meinen kleinen Körper.

Der Tollwütige wie aufgepeitscht, als würde er einen Kriegstanz vollführen, emsige Aufgeregtheit bestimmt seine Begeisterung.

Ich muss würgen, fast erbrechen. Liege schon auf dem Rücken, festgehalten von eisernen Klauen. Graue Schwere in meinen Gliedern – wie tot. Ich schreie vor panischer Angst. Nein – nein. N e i n ! ! ! Es hilft nichts.

Mein ist Kopf ist schon zur Seite gedreht, hilflose Totenschwere senkt sich in meine Glieder. Panik lässt mein Herz pochen fast bis zum zerspringen meines Körpers.

Würgen im Hals und würgen im Bauch, als dieser stechende Schmerz in meinen Körper zuckt. Es ist ein Schmerz, als müsse meine Wirbelsäule jeden Moment explodieren und mein Kopf damit. Meine Hüften brechen gleich ab, so heftig drückt das. Ich möchte in den Himmel schreien und bin gleichzeitig tonlos.

Erbrochenes sprudelt aus meinem Mund, ich muss würgen, husten. Ich muss doch atmen!

Aber Gnade gibt es nicht. Rein! Rein! Rein! Der Seelenfresser befehligt sein Heer.

Und die Pein nimmt kein Ende. So etwas wie Scham hat keinen Platz mehr. Ich will nur leben. Bitte bring mich nicht um!

Rein! Rein! Rein! Als gäbe es kein anderes Credo auf diesem Globus. Alles pocht, sind Schmerzen, schlägt von innen durch meinen gesamten Körper an die Haut. Tausende von Ameisen scheinen durch meinen Körper zu laufen. Jede Bewegung schickt Funken wie Feuernadeln bis in die Spitzen meiner kleinen Finger. Es sticht über meinen Kopf hinaus bis in den Himmel. Heiße Tränen laufen über mein Gesicht. Ich schreie. Und schaue zur Seite.

Als er fertig ist und sich die Hose zuknöpfend davon macht, hängt ihm ein verzerrter Mundwinkel nach unten. Für mich gibt es nur angewiderte Seitenblicke. Was da an Schuldbewusstsein aufkeimen mag, wird schnell beiseite gewischt. „Ich bin der Gerechte!"

Mein Hals will sich umstülpen und nach draußen erbrechen. Mein Bauch würgt und würgt. Ich liege allein in der Wiese, Erbrochenes sprudelt immer wieder aus meinem Mund.

Ich habe die Augen zu und liege nur noch. Mein Körper ist still geworden. Ich will ihn nicht mehr spüren müssen. Nicht mehr diese Pein. Es ist grau und kalt. Niemand ist da. Kein Papi, keine Mami, keine Tante, kein Geschwisterchen. Nicht ein einziges Paar warmer Arme, das mich festhält und tröstet. Dieser endlosen kalten Weite endlich Wärme entgegensetzt.

Ich will es nicht mehr spüren müssen.

Wäre ich doch tot. Doch diese Gnade wird mir nicht zuteil. Nur ärgerlich schimpfende Worte einer Mutter, die aufgebracht ist, weil ich auf ihr Rufen hin nicht schnell genug gekommen bin. Ich muss würgen.

Ich will es nicht mehr spüren müssen.

*   *   *

Panik und Grauen prägten mein kindliches Seelenleben viele Jahre lang. Jahre, in denen ich längst keine bewussten Erinnerungen mehr hatte an diese Gewalttaten. Wie gesagt, keine *bewussten*.

Schmerzen, die wie Blitze durch meinen kleinen Körper zucken, bis zum Gefühl des gleich explodieren Müssens. Sie erfüllten mein Hier und Jetzt mit Verzweiflung und Grauen. Eineinhalb Minuten, drei Minuten oder so lange, wie es halt dauert, bis ein Kinderficker seine perverse Gier abgespritzt hat in einen Menschen, der x Mal kleiner ist als er selbst. So lange hat sich mein Gesicht auf verschiedenste Weisen verzogen, haben sich meine Muskeln, meine Sehnen, meine Gelenke und meine Haut gedehnt vor Schreien, vor Schmerzen und vor Entsetzen. Nicht nur einmal.

In dieser Zeit meiner Kindheit, in der ich andere Menschen schöner und besser fand als mich selbst, in dieser Zeit, als ich mein eigenes Gesicht als verkrumpelt und als verbraucht empfand, in dieser Zeit waren die bewussten Erinnerungen an die Gewalttaten längst in den Tiefen meiner Seele gebunkert und vergraben.

*   *   *

In meinen Alpträumen, die laut Therapeut auf Vergewaltigungen schließen ließen, kamen wiederholt auch Windeln vor. In einem der Träume taten mir meine Beine extrem weh. Es war, als wären sie gebrochen worden. In diesem Traum trage ich eine Nabelbinde. Irgendwann – in einem anderen Zusammenhang, denn über den Missbrauch war ja nicht mit ihr zu sprechen – hat meine Mutter mir erzählt, dass ich im Alter von zwei Wochen angefangen hatte, schwere Probleme zu zeigen und die Nahrung zu verweigern. Spätere Gespräche mit anderen Verwandten über meine Kindheit waren mühselig und nicht immer einfach.

Ich war bereits über dreißig, als ich im Rahmen einer Psychotherapie, die ich wegen der Angstzustände machte, von meinem damaligen Therapeuten darauf hingewiesen wurde, dass meine Symptomatik den Verdacht auf sexuellen Missbrauch in der Kindheit nahelegt. Das war der Beginn des Bewusstwerdungs-Prozesses, in dessen Verlauf die in meinen Seelentiefen vergrabenen Erinnerungen Stück für Stück ans Tageslicht kamen. Zu dieser Zeit hatte ich keinerlei bewusste Erinnerungen an das Geschehen. Der Gedanke, dass dieses Thema auch mich selbst betreffen könnte, war für mich neu.

Es ist wohl so, dass meine Psyche diese Ereignisse von meinem Bewusstsein fern gehalten hat, um mir trotz der massiven Belastungen ein fruchtbares Aufwachsen und Entwickeln zu ermöglichen. Ein Leben lang wollte meine Seele aber die dunklen Lasten auch nicht mitschleppen. Diese Lasten entwickelten ein Eigenleben, bewirkten Ängste, Vermeidungsverhalten, Schreckhaftigkeit und Weiteres, das ursächlich mit der Gewalterfahrung zusammenhängt. Diese Stapel in der Tiefe der Seele wollten Teil für Teil hochgenommen, angeschaut und „sachgerecht entsorgt" werden.

Die Betroffenen in Erfahrungsberichten, die ich zu diesem Thema gelesen und gehört habe, waren auch häufig bereits über dreißig, als sich das Thema seinen Weg in deren Bewusstsein bahnte. Daher denke ich mir, dass die Seele erst dann stark genug und bereit ist, Einen mit diesen Belastungen zu konfrontieren, wenn sich die Ablösung vom Elternhaus vollzogen und sich eine halbwegs tragfähige emotionale Unabhängigkeit manifestiert hat. Die Seele verliert – fühlt sie sich erst sicher genug – dann keine Zeit mehr, sondern spült die Inhalte zügig nach oben.

Mir selbst darüber klar zu werden, was in meiner Kindheit geschehen sein muss, mich Angstträumen, wieder aufkeimenden schmerzbeladenen Erinnerungen zu stellen, war eine Sache. Eine andere ist die Tabuisierung dieses Themenbereiches. Glücklicherweise ist diese Tabuisierung inzwischen etwas geringer geworden, so dass ich wenigstens als Erwachsene Hilfe bekommen konnte.

Es war nicht einfach, mit dem Bewusstsein dieser Schrecknisse dazustehen und mich außerstande zu fühlen, die Ursachen meiner mannigfaltigen Probleme zu kommunizieren, geschweige denn, so etwas wie Vergeltung zu bekommen.

Da und dort erwähnte ich den Missbrauch ja doch, irgendwie ohne Herzblut, um mich zu schützen vor Reaktionen wie „das bildest Du Dir nur ein", die ich leider nicht selten erleben musste.

Dass ich letztlich keine Beweise für den Missbrauch anführen konnte, belastete mich. Tritt mir einer sachte auf den Fuß, bekomme ich mehr Trost und Würdigung, als wenn man mir im Kindesalter die Seele aus dem Leib fickt.

In meiner Jugend sagte mal ein Gynäkologe bezüglich meiner Beschwerden etwas über die Narben an meinem Unterleib. Als ich ihn fragte, was für Narben das denn seien, ist er zurück gerudert und hat abgewinkt, „ach nur vom Jungfernhäutchen".

Diverse Jahre später fragte ich eine Gynäkologin nach den Narben an meinem Unterleib. Die Ärztin untersuchte mich daraufhin in ganz normalem Alltagsgebaren. Nach der Untersuchung fing sie aber hektisch an: „Was wollen Sie, wir alle haben Narben, überall am Körper". Sie tippte mit ihrer Hand da und dort hin auf ihren Armen, um das „überall" zu demonstrieren. Und das war es dann auch. Mir genaueres über den Zustand meiner Unterleibsorgane mitzuteilen, dazu war sie nicht bereit, auch nach wiederholten Nachfragen nicht.

Therapeutische Unterstützung, ja. Chance, den Schrecken als Tatsache darzulegen, nein. So in etwa kann ich meine Erfahrungen zusammenfassen.

Allerdings wurden die Unterleibs-Themen in den Therapien ignoriert. Wenn ich jetzt im Alter fast 60 Jahren, Single, ledig und kinderlos geblieben, zurückblicke auf meine diversen Beziehungsversuche, sehe ich, dass es nie geklappt hat. Aus welchen Gründen auch immer. „Hingelangt" wurde aber schon.

Ich hätte bereits in jungen Jahren therapeutische Unterstützung gebraucht im Umgang mit meinem eigenen „da unten". Ich hätte sensibilisiert werden müssen dafür, dass das bei mir möglicherweise nicht wie von selbst funktioniert. Dass ich an solche Situationen besonders umsichtig herangehen sollte. Und auf welche konkrete Weise ich es hätte angehen können.

Stattdessen bin ich wie eine Blinde von einem gescheiterten Beziehungsversuch in den nächsten gestolpert.

Bis heute leide ich unter andauernder Kraftlosigkeit, weil die Seelenlasten ihren Tribut fordern, und diversem Weiteren, das selbst noch im Erwachsenenalter als Folge der kindlichen Gewalterfahrung zutage tritt. Das lastet auf meinem Leben. Auch auf meinem Image.
Dass der Täter hingegen ein Leben in Angepasstheit führt, als wäre er die friedlichste Seele der Welt, macht es mir nicht leichter.

*   *   *

Was muss eine Frau fühlen angesichts der Erkenntnis, dass ihr geliebtes, süßes kleines Mädchen offenkundig vergewaltigt worden ist.

Wie gesagt war ein offener, konstruktiver Umgang mit Konflikten nicht gerade eine Stärke unserer Familie. Die Kindheit meines Vaters dürfte eher für die damaligen Verhältnisse normal und genügend seelisch nährend gewesen sein. Nicht so die meiner Mutter, die von mancherlei seelischen Grausamkeiten erzählte, insbesondere von Grausamkeiten einer ihrer Schwestern gegenüber, die später ein sehr schwieriges Verhalten an den Tag legte. Bestimmte Erlebnisse ihrer Kindheit konnte meine Mutter ihr Leben lang nicht verwinden.

Ich kannte meine Mutter lange Jahre meiner Kindheit Selbstgespräche führend, teilweise weinend, schimpfend, verzweifelt. Zusätzlich zur emotionalen Erbschaft ihrer schwierigen Kindheit einen Haushalt mit fast zehn Personen (und knappem Budget) zu führen, hat sie vermutlich regelmäßig hart an die Grenzen des Bewältigbaren und darüber hinaus katapultiert.

Dazu galt es, den Schein zu wahren. Das Bild einer Familie, bei der alles mit rechten Dingen zugeht, aufrecht zu erhalten. Das ohnehin schon angeknackste Ego meiner Mutter war sicher nicht der alleinige Grund dafür. Hätte man in der dörflichen Gemeinschaft einen schlechten Ruf bekommen, wären auch von außerhalb der Familie Kränkungen hinzu gekommen, die mutmaßlich auch vor uns Kindern nicht Halt gemacht und uns unter Umständen so manche Chance gekostet hätten.

Jedenfalls kann ich mich nicht erinnern, dass über den Missbrauch gesprochen worden wäre. Dass man mich nicht ausreden ließ, lag – wie ich es heute sehe – nicht nur an der Dominanz der Älteren. Meine Mutter hatte bis kurz vor ihrem Tod das Verhaltensmuster drauf, mich nicht sprechen zu lassen. Ich sollte ihr zwar ohne Ende bestätigen, wie sehr sie als Mutter alles richtig gemacht hat. Versuchte ich aber, etwas anderes zu sagen als „Ja Mami, es geht mir gut", „Ja Mami, mein Chef ist zufrieden mit mir", usw. usw., würgte sie mich ab. Bzw. tat sie es, bis ich – erst im späteren Erwachsenenalter – angefangen hatte, mir zumindest nicht mehr alles gefallen zu lassen.

Die Vergewaltigungen gingen vermutlich bis zu meiner Einschulung. Eine genauere zeitliche Einordnung geben meine Erinnerungen nicht her. Manche Zeiten meiner Kindheit sind in meinen Erinnerungen stark neblig durchwabert.

Ich glaube, dass so gut wie jedes Kind über das sprechen möchte, was ihm sehr weh getan hat. Nicht jede Mutter und nicht jeder Vater ist aber seelisch dazu in der Lage, ein derart brachial erschütterndes Thema wie die Vergewaltigung des eigenen Kindes zu bewältigen.

Jedenfalls war meine Mutter einige Zeit nach meiner Geburt mit dem nächsten Mädchen schwanger. Während dieser Schwangerschaft bekam sie eine bösartige Geschwulst, die vorne aus ihrem Hals herauswuchs. Meine Mutter erzählte manchmal, wie ihre Kinder gesagt hatten, „der Mami wächst ein Schießgewehr aus dem Hals heraus".

Ich denke mir, dieses Krebsgeschwür waren die endlosen Schreie und wutverbrannten Kanonaden, die sie hätte ins Weltall schleudern wollen, gegen die Schänder ihres kleinen Mädchens und gegen alles, was ihr Leben seit ihrer eigenen Kindheit schwer gemacht hat.

Im Rahmen der Krebstherapie bekam meine Mutter Bestrahlungen. Das Kind, mit dem sie damals schwanger gewesen war, starb im Alter von wenigen Monaten.

Was meine Mutter im Lauf ihres Lebens alles durchleiden musste, vermag ich mir kaum vorzustellen. Vielleicht war eine weitreichende Verdrängung – damals – das Praktikabelste, um die Familie so gut wie möglich durchzubringen.

*　　　*　　　*

Es ging bis weit in mein Erwachsenenalter hinein, dass meine Mutter ihr Seelenheil darin sah, sich von mir bestätigen zu lassen, dass sie alles richtig gemacht habe. Ich habe sie stets emotional bedient, indem ich ihr bestätigte, wie fleißig sie gewesen sei, dass unsere Kindheit ok war, usw., usw.

Lange habe ich gedacht, dass ich dies freiwillig tue. Aber wehe mir, wenn ich anfing, dass es mir nicht gut gehen würde. Dann kamen Wortschwalle, Fragen mit larvierten Anschuldigungen, eine ganze Palette an Verhaltensweisen, die mich wie auf Knien wieder das sagen ließen, was sie hören wollte.

„Aber ich dachte, es geht dir gut!" „Ja aber, wie kann denn sowas passieren". In panischem Tonfall, der sie wie kurz vor dem Explodieren erscheinen ließ. „Hast Du ein Problem mit Alkohol?" in einem Tonfall, der mir sagte, oh, jetzt wird mein Schrecklichsein offenkundig. Gleich plumpse ich in ein tiefes schwarzes Loch wie die Hölle, aus der es kein Entrinnen mehr gibt.

Versuche, ihr mitzuteilen, dass es mir nicht gut ginge, habe ich irgendwann aufgegeben. Ich bin dazu übergegangen, ihr nur noch zu bestätigen, wie toll doch unsere Kindheit war und was für eine gute Mutter sie doch war.

Vieles habe ich ihr schon erzählt, Mobbing, Wohnungswechsel, usw. Alles, wofür man die Schuld Anderen zuschreiben konnte. Sie hat mir auch geholfen, z. B., in dem sie mir Geld für einen Makler gegeben hat. Sie ist nicht knauserig, gegenüber allen ihren Kindern nicht. Abgesehen davon, dass, als wir schon Jugendliche bzw. junge Erwachsene waren, die Buben teilweise eine gewisse Bevorzugung erfuhren, ließen uns unsere Eltern immer wieder spüren, dass wir geliebt werden. Vieles war wirklich gut in unserer Kindheit. Aber wo es ins Emotionale oder in Richtung Probleme ging, da war definitiv der Ofen aus!

Mein Vater war fürsorglich, aber oftmals zurückgezogen, da er mit Vollzeitjob und einer Großfamilie, die er als einziger ernähren musste, auch sehr gefordert war. Er liebte mich, und bevorzugte mich als Kind hie und da.

Später hatte ich es mit ihm trotzdem nicht einfach, da er sich – alten Rollenmustern verhaftet – in manchen Bereichen dominant verhielt. Ich aber war schon frühzeitig aufgeklärt und an weiblicher Gleichberechtigung orientiert.

Konflikte wurden in unserer Familie eher unter den Tisch gekehrt. Nicht selten wurde lange gestritten, aber wenig produktiv.

Der emotionale Missbrauch durch meine Mutter und X.'s Schikanen gingen bis weit in mein Erwachsenenleben hinein.

Als ich während meines Studiums in einem anderen Ort wohnte, ca. vier Zugstunden von Zuhause entfernt, habe ich mir nach Anschaffung eines eigenen Telefonanschlusses bald einen Anrufbeantworter eingerichtet. Wenn das Telefon läutete, bin ich nur noch hingegangen, wenn ich wusste, dass nicht meine Mutter dran war.

Lange habe ich nicht begriffen, warum mir ihre Anrufe so weh tun. Im Rahmen einer meiner Therapien wurde dann herausgeschält, dass ihr Gebaren bei mir stets Schuldgefühle auslöste. Wie gesagt, ich war ja als Kind das schwarze Schaf in der Familie. „Was haben wir für Probleme, weil das Kind so schlechte Nerven hat." Meine Symptome, die als Folge der Vergewaltigungen aufgetreten sind, haben an ihre besonders wunden Punkte gerührt. Mit meinen schweren Ängsten und anderen psychischen Problemen war ich für sie die stetige Erinnerung an das Schreckliche. Damit habe ich vermutlich ihre Befürchtungen, versagt zu haben, stets genährt. Ich war der Überbringer der schlechten Nachricht.

Dann mein Mobbing, und ledig geblieben, kein Kind. Lange Jahre bestätigte ich ihr, „Ja, es geht mir gut", „ja, mein Chef ist zufrieden mit mir", und so fort. Ich hatte keine Kraft, mich mit ihr anzulegen.

Sie hat ihre eigene Kindheit nicht verkraftet. Einer meiner Brüder und auch ich hatten ihr wiederholt nahe gelegt, sie solle doch eine Therapie machen. Eine Zeitlang hat sie mal eine Hypnosetherapie gemacht, die ihr gut getan hat. Aber das war höchstens ein Tropfen auf dem heißen Stein. Zu mehr Therapie war sie nicht bereit.

Bis zu ihrem Tod mit über 80 Jahren besuchte ich sie, wie es ausschaut, von allen Geschwistern am seltensten. Länger als höchstens zwei, drei Stunden konnte ich sie nicht ertragen. Bei dem, was ich zu schlucken und zu bewältigen hatte, schaffte ich nicht mehr. Obwohl vordergründig alles friedlich war.

Dennoch konnte ich ihr in ihren letzten Lebensjahren offener begegnen.

Als ich einmal, als sie schon über 80 war, wieder anfing, ich sei ja als Kind vergewaltigt worden, schaute sie mich an, als hätte ich ihr eine nicht uninteressante Nachricht aus dem Dorf erzählt. „Ja waaas?" sagte sie mit etwas weiter geöffneten Augen. Für mich war nicht erkennbar, dass sich ihre innere Ruhe durch dieses Thema geändert hätte. Sie hat sich die Ereignisse auf ihre Weise zurecht gezimmert.
Ich hätte speien können.

Nach Mobbing, Alkoholmissbrauch und sonstigen Krisen (kommen später in diesem Buch noch) bin ich erst jetzt reif genug, über solche Angelegenheiten offen zu sprechen. Aber mit meiner Mutter darüber zu reden, habe ich zu ihren Lebzeiten nicht geschafft.

In ihren letzten Lebensjahren wohnte meine Mutter bei einer ihrer Schwestern, die sich um sie kümmerte. Wir Kinder sind dafür noch heute sehr dankbar.

Ein Gespräch über die psychische und physische Gewalt in meiner Kindheit zu fordern, habe ich nicht geschafft. Darüber, wie es sich anfühlte, als die böse Streitsüchtige dazustehen, während in einem beißende Schmerzen brodeln, davon stehen mir noch heute die Haare zu Berge. In den letzten Lebensjahren meiner Mutter wäre ich vermutlich zudem noch als die Böse dagestanden, die eine alte, hilflose Mutter in Seelennöte stürzt.

Der Dynamik in unserer Familie, mich als die Problematische anzusehen, was auch teilweise von meinen Geschwistern mitgetragen wurde, fühle ich mich bis heute nicht gewachsen. Ich bekomme innere Unruhe, Schlafprobleme, angstbesetztes Gedankenkreisen, usw., wenn nur eine Familienfeier angesagt ist. Meistens gehe ich nicht mehr hin. In den letzten Lebensjahren meiner Mutter besuchte ich sie und meine Tante, wenn sonst niemand da war. Das war dann teilweise recht schön.

Manchmal war meine Mutter auch stolz auf mich. Überhaupt hatte sich vieles verbessert, seit sie zu unserer Verwandten gezogen war. Seitdem ging es ihr auch seelisch deutlich besser. Abgesehen davon ist diese Verwandte, wie ich, kinderlos geblieben und mir gegenüber wohlwollend. Wahrscheinlich habe ich es auch ihr zu verdanken, dass meine Mutter in ihren letzten Lebensjahren mir gegenüber verständnisvoller geworden ist.

Heitere Farbfläche

Weichen stellen – Früchte ernten

Wenn ich so zurückdenke, sehe ich, dass sich mein Leben jedesmal verbessert hat, wenn ich aus dem Schoß der Familie herausgerückt und mehr in die üblichen Gesellschaftsbereiche hineingewachsen bin. Zum Beispiel hat das Bettnässen mit meiner Einschulung aufgehört.

Mit fünfzehn machte ich eine kaufmännische Lehre. Das Abitur habe ich später nachgeholt. Als Schülerin war ich zumeist mittelmäßig, nur einige meiner Aufsätze waren wohl besonders gut. Beim Nachholen des Abiturs an einem städtischen Kolleg konnte ich in einigen Fächern (Mathematik, Französisch) teilweise sehr gute Leistungen erzielen.

Das Hauptproblem in meiner Kindheit war, dass ich fast nie Hausaufgaben gemacht habe. Später während des Studiums ist mir bewusst geworden, dass dieses, mich hin setzen zum Lernen, nicht nur unbequem ist, sondern bei mir richtiggehend Ängste auslöst. Einen sicheren Grund, warum das so ist, weiß ich bis heute nicht. Was sich aber zeigt, ist eine Angst davor, meine Aufmerksamkeit vom Hier und Jetzt wegzulenken.

Vermutlich rührt dies daher, dass ich in den Jahren der Vergewaltigungen meine Aufmerksamkeit dafür gebraucht habe, Stimmungen des Täters zu beobachten, um im Fall des Falles rechtzeitig in Deckung gehen zu können (zu den Eltern, anderen Verwandten, etc.). Vertieft in ein Spiel oder eine sonstige Tätigkeit – so erkläre ich es mir – bin ich so und so oft vom Täter überrascht worden.
Im Rahmen meiner Lehre waren jedenfalls keine Hausaufgaben zu erledigen, sondern was ich zu leisten hatte, fand im Wesentlichen in der Firma statt. Dort erfuhr ich mich erstmals nachhaltig und andauernd als kompetenten Menschen, der das von ihm Geforderte wirklich gut machte.

In den letzten Schuljahren dürfte es angefangen haben, dass ich große Teile meiner Freizeit bei einer Freundin verbrachte.

Diese Zeit, etwa bis ich die Lehre mit achtzehn abgeschlossen habe, erinnere ich in puncto Aktivitäten mit Freundinnen als schön. Wir unternahmen viel. Besonders die wöchentlichen Fahrten in die nächstgrößere Stadt zur Berufsschule erinnere ich als heiter und voller Leben.

Als ich meinen ersten Kuss bekam, dürfte ich etwa vierzehn gewesen sein. Diese Tändelei mit einem Mitschüler, der mir sehr gut gefiel, ging zu meinem Bedauern nur ein paar Tage. Mit fünfzehn ging ich mehrere Monate mit einem jungen Mann aus. Das Ende dieser Freundschaft bescherte mir einen langen und schmerzhaften Liebeskummer.

Mit siebzehn hatte ich eine feste Beziehung, die ich nach etwa einem Jahr selbst beendete.

Im Alter von etwa zwanzig lernte ich in einem Kurs für Autogenes Training einen theologisch angehauchten Heilpraktiker und Psychologen kennen, der mir das Gefühl gab, die Liebe seines Lebens zu sein. Er war über zwanzig Jahre älter als ich. Mit ihm konnte ich viel besprechen. Er hat mich viel gelehrt und – das wird mir erst jetzt beim Schreiben in dieser Weise bewusst – einen Teil meiner Opfererstarrung aufgelöst. Viele Erklärungen und die Vermittlung von Taktiken halfen mir, mein Leben besser zu verstehen, sowie Handlungsmöglichkeiten zu erkennen und aufzubauen. Er hat mein Ego sehr gestärkt.

Eine innige Verliebtheit in diesen Mann habe ich nicht verspürt. Trotzdem waren die ca. zwei Jahre unserer Beziehung für mich schön. Er hat mir das Gefühl gegeben, dass es für ihn nichts Kostbareres gibt, als mich berühren zu dürfen.

Meine Mutter hat gewettert über diesen „alten Wüstling", der sich an ihrer Tochter vergreift. Als ich die Beziehung mit diesem Mann nach etwa zwei Jahren beendet hatte, und meine Mutter später auch seine Kurse besuchte, erzählte sie mir mal, dass sie aufgrund der Art, wie er nach mir frägt, den Eindruck hat, dass ich für ihn etwas ganz Besonderes bin, und dass er noch immer Sehnsucht nach mir hat.

Begegnet bin ich diesem Mann nach Beendigung der Beziehung nicht mehr. Für mein ganzes weiteres Leben war er aber wegweisend positiv prägend.

*   *   *

Im Laufe der Jahre heirateten einige meiner Geschwister, und ich hoffte sehr, dass auch ich endlich mal dran wäre. Dass das „ein Satz mit x" war, wie wir früher immer sagten („war wohl nix"), habe ich erst dann richtig kapiert, als mir mit ca. 45 Jahren die Wechseljahre ihr Erscheinen unerbittlich aufzwangen.

Erstmal habe ich es geleugnet, habe Stress für die ersten Symptome (Haarausfall, unregelmäßige Periode) verantwortlich gemacht. Haarausfall hatte ich in der Tat auch schon früher, während des Mobbings an einem meiner Arbeitsplätze, gehabt.

Das Einsetzen der Wechseljahre war eine Zeit, in der ich nochmal bewusster darüber nachgedacht habe, dass ich zum Beispiel schon bald nach dem Einrichten eines eigenen Telefonanschlusses einen Anrufbeantworte eingerichtet habe. Viele Jahre lang lief es so, dass, wenn mich Jemand anrief, ich zuerst hören wollte, wer es ist. Damit ich meiner Mutter nicht mehr so ausgeliefert war. Einmal stand ich mit geballten Fäusten und zusammengepressten Zähnen in der Küche und fragte mich, wieso ich jetzt so drauf bin. Der Auslöser war die Stimme meiner Mutter auf der Mailbox, obwohl ich den Anruf nicht mal entgegen genommen hatte.

Hie und da hatte ich schon verspürt, dass es mir das Verletztsein meiner Seele nicht ermöglichte, Menschen an mich heran zu lassen. Diese Verletzungen hatten mir hauptsächlich X. und meine Mutter über viele Jahre hinweg beigebracht.

Hinzu kommt wahrscheinlich, dass in mir virulent drängende Impulse des Nein-Sagens und Grenzen setzen Wollens leben.

Die physische und psychische Gewalt in meiner Kindheit hatte mir viele Jahre lang schwerste seelische Belastungen aufgenötigt. Dass ich mich nicht wehren konnte, hat in mir starke Wünsche entstehen lassen, meine Grenzen e n d l i c h zu setzen und zu verteidigen.

Wünsche, solche Angelegenheiten nicht unter den Tisch fallen zu lassen, sondern endlich laut hörbar „Nein" zu sagen.

Darüber hinaus konnte ich bis zuletzt Keinen nah an mich heranlassen. Im Entstehen begriffene emotionale Nähe beantwortete etwas in mir – ohne, dass ich es hätte verhindern können – postwendend mit Distanzierungsmechanismen.

Genau genommen wollte ich mein Leid hinausschreien, es jedem hinknallen.

„Schau du erst Mal diese Entsetzlichkeiten an, bevor du glaubst, mir auch nur einen kleinen Finger hinstrecken zu können !!!!" Tausend Ausrufezeichen dahinter !!!!

Hunderttausend !!!!

Als junge Frau hatte ich mit mehreren Männern Beziehungen gehabt, bei denen ich für hofrecht auf eine Heirat gehofft hätte. Aber nichts hat gehalten.

Beim Sex war ich eher teilnahmslos, fühlte mich manchmal, als würde ich neben mir liegen und alles wie aus der Beobachterperspektive sehen. Das allein hätte die Beziehungen wohl nicht zerstört, denn ich habe mich schon angestrengt, zu tun, was von einer Frau erwartet wurde. Aber ich konnte emotional niemanden an mich heranlassen. Verliebt war ich schon ein paar Mal. Ich fühlte mich wie eine normale junge Frau.

Bin ich verliebt, dann leide ich wie ein Hund. Mit zunehmendem Alter wurde es intensiver. Was ich zuletzt erlebt habe, sah ungefähr so aus:

Auf einmal kommt es über mich mit so einer Heftigkeit, dass es mir Tränen in die Augen treibt, und ich heule nur noch. In mir fühlt es sich an wie ein Reibeisen vor lauter Sehnsucht nach ihm. Wie ein riesiges saugendes Loch mit tausenden Tentakeln und Saugnäpfen, das sich um ihn stülpen möchte und ihn mit Haut und Haaren fressen. Manchmal überkommt es mich plötzlich ohne jede Vorwarnung. Fühlt sich an, als würde sich mein Zwerchfell krümmen, wie ein Tiger im Käfig, der Luft braucht und doch zum Stillhalten verdammt ist. Flügel möchten sich bewegen in freier Lust. Ich wollte sagen, in freier Luft, wie ein Vogel. Oder wie ein Engel. Aber meine Flügel schlagen nur von innen an meine Körperhülle und müssen sich gnadenlos ausbremsen lassen. Müssen zusammengefaltet ausharren. Es raubt mir fast den Atem.

Nicht immer, aber oft gehen solchen Gefühlen süße Tagträume voraus. Ich möchte gern seine Finger auf mir spüren, in meinem Gesicht, auf meinem Mund, meinen Ohrläppchen, usw. Stelle mir vor, wie er vor mir steht, und ich ihn auffordere, mich doch abzutasten, einfach mal so. Und kaum hab ich angefangen, mich dieser Fantasie hinzugeben, wie ich seine Finger auf meiner Haut spüre, überkommt mich wieder diese gnadenlose Sehnsucht, und meine Seele biegt sich nur noch. Schmerz ist da auch. Aber das intensivste, was ich da fühle, ist diese gnadenlose, hemmungslose Sehnsucht.

Ja, und dann geht mein Kopfkino los. Ich denke mir, es kann doch nicht sein, dass nur ich das spüre. Vielleicht ist ein energetisches Band zwischen ihm und mir entstanden, und er spürt das jetzt gerade auch, und er hat starke Sehnsucht nach mir.

Und dann geht's richtig los: Ach, könnt ich ihm doch irgendwie nahe kommen – War ich zu abweisend zu ihm? – Ich kann doch nicht einfach hingehen, und ihn anmachen, da werden viele Verehrerinnen bei ihm Klinkenputzen. Diese Scham tu ich mir nicht an, mich da einzureihen und nachher wie ein schwärmerischer Teenager abgekanzelt zu werden. Er weiß, wie er mich erreichen kann. Wenn er von mir was wollte, hätte er sich schon lange gemeldet.

Das wäre der Punkt, an dem ich unter das Ganze eine Grenze ziehen könnte und sagen, denk an was anderes. Nur geht es dann weiter mit diesem Kopfkino: Was, wenn er mich mag, ich aber zu abweisend war. Bedeutet diese Gefühlsintensität nicht, dass ich doch dranbleiben soll? Und so fort.

Dass sich meine Aktivitäten in solchem Kopfkino erschöpfen, und ich nichts Weiteres dazu unternehme, ist der aufsteigende Rauch, das Symptom. Das diesem Rauch zugrunde liegende Feuer ist meine katastrophale Angst vor Nähe.

Während ich dieses und die zwei nächsten Bilder malte, war ich erfüllt von der Sehnsucht nach einem Mann, in den ich mich sehr verliebt hatte. Hier sehe ich ein eingebettetes Ei, ein Fruchtbarkeitssymbol.

*Dieses Bild drückt die Schmerzen der (leider hoff-
nungslosen) Sehnsucht aus.*

Hier sieht man eine Hand, die in spirituelle Sphären greift. Sie steht für die intensiven Bedürfnisse, diesen Mann zu berühren.

Es ist immer das gleiche! Dieses ewige Nichtgeschehen. Ich habe mir meine Wohnung schön eingerichtet und fühle mich hier wohl. Und gerade dieses gemütliche mit mir selbst beschäftigt sein mag ich. Schöpfen aus einem Fundus an Büchern, Bildern und allen möglichen sonstigen Inspirationsquellen. Vieles habe ich im Lauf der Jahre zusammengetragen für die Mußestunden in meiner Schatzkiste. Aber immer wieder überkommt mich die peinigende Frage nach dem Warum für das alles. Ich pflege mich, treibe Sport, bilde mich und tue einiges für meine Seele. Ich arbeite an mir, und vieles an mir gefällt mir.

Aber wofür das alles? Gepflegte Haut, die nie einer fühlt? Meine Wange an das Kopfkissen geschmiegt, auf dem mich nie einer sieht? Mein zartes Nachtgewand, in dem ich nach dem Baden leise erotische Lieder singe. Ich bin mir bewusst, dass mein Leben vergehen kann, ohne dass diese so innig ersehnte Erfüllung stattgefunden hätte.

Oft, wenn ich es nicht schaffte, aus diesen Gedankenschleifen auszusteigen, fragte ich mich, was in meinem Leben falsch läuft. Dieser hemmungslosen Sehnsucht nach seiner Nähe und auch der Nähe überhaupt eines Mannes steht die Erfahrung des ständigen Scheiterns gegenüber.

Viele Jahre ohne Intimitäten mit einem anderen Menschen. Jahre voller Nein, nicht für mich; nein, nicht mit dem, den ich will; nein und wieder nein. Endlose Tränen in meine Kissen, in meine Ärmel, vor dem Marienaltar in einer Kirche, während eines Gottesdienstes, oder beim Spazierengehen, in der U-Bahn oder wo auch immer. Und die zig Jahre zuvor, seit Beginn meiner Geschlechtsreife. Ein paar Mal so was wie eine Beziehung. Wie gesagt: so was *wie* ....

Die Nichterfüllung hat im Lauf der Jahrzehnte die Kraft eines Dogmas bekommen.

Es ist ja nicht so, dass ich nicht alles Mögliche unternommen habe, um zu einem befriedigenderen Leben zu kommen. Aber so viel Kraft, wie ich aufgewendet habe, um mein Leben in stürmischer See an ein fruchtbares Ufer zu bringen, so stabil hat sich die Erfahrung des beziehungsmäßigen Scheiterns festgezurrt in meiner Seele.

Ja, in meiner Seele, da hocken diese gefräßigen kleinen Zecken. Ängste, schlechte Erfahrungen, Demütigungen, Selbstzweifel, und noch vieles mehr. An beinahe jedem Organ meiner Seele haben sich diese gefräßigen Parasiten festgebissen und ernähren sich von meiner Lebenskraft.

*   *   *

Früher hatte ich noch keinen Schimmer von emotionalem Missbrauch und dessen Folgen. Auch die Vergewaltigungen kamen erst ans Tageslicht, als ich schon weit über dreißig war und wegen Angstzuständen in Therapie ging. Spezifische Symptome hatten den Therapeuten auf den Missbrauch gebracht. Welche Symptome das für den Therapeuten waren, daran erinnere ich mich nicht mehr, aber ich hatte Angst vor Jungen und vor Männern, davor, abends ins Bett zu gehen, davor, angefasst zu werden, um nur einiges zu nennen.

Lange konnte ich, wenn ich mit einer Rolltreppe fuhr, meine Hand nicht auf dem Geländer liegen lassen, wenn sich auf der daneben fahrenden Rolltreppe Leute befanden, die ihre Hände ebenfalls auf dem Geländer liegen hatten. Dabei hatte ich keine bewusste Angst, die würden mich packen. Es war einfach wie ein Zwang.

Gehe ich dem nach und versuche, Phantasien kommen zu lassen, erscheinen aber doch Bilder, in denen mich Hände packen, mich „holen" kommen. Selbst jetzt, wo ich das niederschreibe, kommt mir ein leichtes Gefühl von Grauen und erbrechen müssen. Die Mitarbeiterin einer Sexualberatungsstelle, die ich früher einmal aufgesucht hatte, sagte, dass sie unter anderem dieses Empfinden auf Rolltreppen bei mir für einen Hinweis auf Missbrauch hält.

In der damaligen Zeit wurde das Thema Kindesmissbrauch noch mehr tabuisiert als gegenwärtig. Als Betroffene stand und stehe ich da mit einer Fülle von Symptomen. Wollte ich aber auch nur näherungsweise etwas über die Ursachen herausfinden oder – mit wem auch immer – darüber sprechen, erlebte ich eine Fülle von Verweigerungen und Vertuschungen. Da erinnere ich auch an die Gynäkologin mit ihrem „wir alle haben Narben, überall haben wir Narben".
In meiner Herkunftsfamilie darüber zu sprechen, schaffe ich bis heute nicht. Zu heiß ist das Eisen.

Ich war halt schon immer „nervenschwach" und „problematisch". Andere Erklärungen wurden in unserer Familie – mir gegenüber – nicht zugelassen. Schlechte Nerven, schlechte Noten, schlechtes Image. Ledig geblieben, weil ich – angeblich – nicht kompromissfähig bin.

Die Seelenschmerzen schaffen eine Grenze zwischen mir und meinen Mitmenschen. Oft schaffe ich es nicht, mich in gemütliche soziale Situationen hinein zu begeben, weil da etwas ist, das auf meiner Seele lastet, das ich teilen möchte, aber nicht teilen kann.

Diese Tabuisierung des Missbrauchs vereinsamte mich lange Zeit. Zu der damaligen gravierenden körperlichen Gewalt kam jahrzehntelang eine psychisch-soziale Gewalt hinzu durch das allein lassen mit diesen gravierenden Problemen.

In der Mobbing-Firma habe ich mal versucht, das Thema anzusprechen, um halt Erklärungen über meine Seelenlage zu liefern. Es war einem der Direktoren gegenüber. Dieser antwortete mir, dass ich mir das wahrscheinlich nur einbilde.

Als ich wegen meiner Selbstmordgedanken und dem Alkoholmissbrauch in der Klinik war, hat man mir von allen Seiten vorgesungen, ich müsse in eine alkoholspezifische Selbsthilfegruppe gehen. Dass man mich auch auf die Behandlungsbedürftigkeit der Folgen des sexuellen Missbrauchs hingewiesen hätte, daran kann ich mich nicht erinnern.

Es ist ein Teufelskreis, denn auch bei medizinischem Personal bin ich, wenn ich den Missbrauch angesprochen habe, üblicherweise nicht gerade auf offene Ohren gestoßen. Mit dem Thema habe ich mich dann meistens kurz gefasst wegen der stetigen Erfahrung, dass es unerwünscht ist.

Da stand ich nun mit beginnenden Wechseljahren. Musste mich damit konfrontieren, dass sich meine fruchtbare Zeit langsam, aber unerbittlich, dem Ende zuneigt. Fühlte mich manchmal wie ein speiender Drache, der mit seinem wutentbrannten Atem ganze Wälder abfackeln könnte.

Kein Mann, kein Kind, keine Karriere. Kein gutes Image. Keine Erfüllung der Lebenswünsche, für deren Realisierung ich wirklich viel investiert habe.

Ich war mir bewusst, dass es tiefste menschliche Abgründe sind, derer ich mehr und mehr angesichtig werde.

*   *   *

Nachdem ich mit achtzehn Jahren meine kaufmännische Lehre abgeschlossen hatte, arbeitete ich noch zwei Jahre als Sekretärin/Sachbearbeiterin und entschloss mich dann, auf dem zweiten Bildungsweg das Abitur nachzuholen. In diese Zeit fiel die Beziehung mit dem Heilpraktiker. Abgesehen davon war mein Leben damals hauptsächlich dem Lernen gewidmet. Konflikte in unserer Klasse gab genügend, aber auch viel Schönes. Fast alle Lehrer des Kollegs waren interessiert und uns wohlwollend zugetan. Es gab Grillabende, Adventsbasteln und sonstige Unternehmungen, mit denen wir unser soziales Leben bereicherten.

Nach dem Abitur studierte ich zwei Semester Deutsch und Französisch. Danach begann ich das sozialwissenschaftliche Studium, das ich sechseinhalb Jahre später mit Diplom abschloss.

Für dieses Studium musste ich von zuhause ausziehen. Damals war ich vierundzwanzig. Es ist symptomatisch für meine Kindheit, die von seelischer Unterernährung geprägt war, dass ich Probleme hatte, mich vom Elternhaus zu lösen. Wegen nachhaltiger Angstzustände ging ich schließlich zum Arzt und bekam starke Beruhigungsmittel verschrieben. In den ersten Monaten am Studienort ging ich regelmäßig zu einem Therapeuten.

Respekteinflößend ist für mich bis heute die Erinnerung an einen stundenlangen Angsttraum, den ich hatte, als ich nach

Weihnachten als erste in das Appartement unserer Studenten-Wohngemeinschaft zurück kehrte. Die Weihnachtsfeiertage hatte ich in meinem Elternhaus mit meiner Mutter und einigen der Geschwister verbracht. Noch unerfahren darin, mich allein in einer Wohnung aufzuhalten, hatte ich insbesondere in der ersten Nacht nach der Rückkehr in die Studentenwohnung ziemliche Angst. Am nächsten Morgen erlebte ich ein paar Stunden lang dieses Phänomen, dass ich schlafe, aber im Traum wach bin, also weiß, wo und in welcher Situation ich mich gerade befinde, und dass ich träume. In diesem Wachtraum sah ich ständig eine dunkle Gestalt zur Türe reinkommen. Am prägnantesten war das Bild eines dunklen Armes, der sich durch den Türspalt schiebt und sich in meine Richtung bewegt.

Die ganze Zeit habe ich mich aufs Äußerste angestrengt, um aufzuwachen aus diesem Alptraum. Immer wieder wachte ich auf und sah dann, dass ich in dem Zimmer allein war, und dass mir augenscheinlich keine reale Gefahr drohte. Aber meine Gliedmaßen, insbesondere meine Arme, waren wie gelähmt, so dass ich es nicht schaffte, aufzustehen, bevor ich wieder in diesen schweren Alptraum zurück gesunken bin. Irgendwann konnte ich meine Arme ein bisschen bewegen. Aber es dauerte Stunden, bis ich sie nach dem jeweiligen kurzen aufwachen schließlich so unter Kontrolle hatte, dass ich tatsächlich aufstehen und das x-fache zurückfallen in den Alptraum beenden konnte.

Solche Wahrnehmungen, im wachen oder halbwachen Zustand wie gelähmt und wehrlos ausgeliefert zu sein, waren für mich nicht neu. Auch derartige Wachträume kannte ich seit langem und kenne ich bis heute. Keiner aber ist mir so prägnant in Erinnerung geblieben, wie dieser in der winterlichen Studienwohnung. Zu diesem Zeitpunkt war ich offenkundig überfordert mit meinem Alleinsein direkt im Anschluss an einen belastenden Aufenthalt in meiner Herkunftsfamilie.

Es war ein Segen, dass der nächste WG-Bewohner kurz darauf auch schon seine Weihnachtsferien für beendet erklärt hatte und in der Wohnung auftauchte.

*   *   *

Mein Studium verlief gut. Verschiedenste Probleme hatte ich auch in dieser Zeit, aber trotzdem war das Studium auch eine schöne Zeit für mich. Ich lebte selbständig, fühlte mich wichtig und genoss das Studium an sich. Für mich war es das richtige.

Ein paar Männer gab es, bei denen ich mir Hoffnungen auf eine dauerhafte Beziehung gemacht hatte. Einer davon hat üble Spiele mit mir gespielt. Dieser hat sich mir wieder und wieder angenähert und mich umworben. War ich dann weichgeklopft und hatte mich erneut mit ihm eingelassen, distanzierte er sich wieder. Wollte ich darauf hin nichts mehr von ihm wissen, kam er wieder an. Aber wie!! Und immer wieder spielten seine zwei Ex-Freundinnen mit rein.

Diese für mich sehr schmerzhafte Erfahrung hat mich langfristig vorsichtig werden lassen. Ich weiß noch heute, wie ich abends wegen dieses Mannes kummervoll in meinem Bett lag und mich sehnte nach diesen Abenden, in denen ich zwar einsam war, aber nicht diesen Schmerz hatte aushalten müssen.

Ein anderer – ein Physiker – war sehr nett. Der hat mich an-ständig behandelt. Er hat bald mit mir Schluss gemacht. Wa-rum, weiß ich nicht. Vielleicht hat er meine innere Distanz – von der ich damals noch keine Ahnung hatte – gespürt, oder ich war halt einfach nicht sein Typ. Hoch rechne ich ihm an, dass er mit der Beendigung unserer Beziehung gewartet hat bis nach einer für mich wichtigen Prüfung.

Die ersten drei Studienjahre lebte ich in zwei Wohngemein-schaften, nach dem Halbjahres-Praktikum allein in einem Stu-dentenwohnheim.

An die Studienzeit denke ich manchmal mit Respekt, wie ich mich da selbständig durchgebracht habe, Kontakte und Freund-schaften gepflegt, und viel unternommen habe.

*   *   *

In der Zeit meiner Jugend und dem frühen Erwachsenenalter gab es in meinen Phantasien stets einen Verehrer, der mich zutiefst liebte und begehrte. Phantasien, in denen ich mit demjenigen schlafe, kamen erst später. In diesen jungen Jahren drehte sich für mich alles um das begehrt werden und darum, dass ich denjenigen lange, lange hinhalte. Mein NEIN war der getreue und innigst ausgestaltete Stoff meiner Tagträume. Heute denke ich mir, das war das Nein, das mir mit den Vergewaltigungen versagt worden war. Das musste die Seele scheints jahrelang nachholen. Aufgelöst wurde das Defizit dadurch nicht.

Von einer auch nur normal befriedigenden, dauerhaften, „richtigen" Partnerschaft konnte ich nur träumen. Erlebt habe ich sie bis heute nicht. Ich habe nie mit einem Mann, mit dem ich eine Beziehung hatte, zusammen gewohnt.

Es hängt vielleicht auch mit diesem Unbefriedigtsein zusammen, dass ich viel unternommen habe, um als Frau attraktiv zu sein. Jedenfalls kam ich irgendwann zum Bauchtanz und habe verschiedene Kurse dazu besucht. Während des Studiums gab ich meine Bauchtanz-Kenntnisse an Andere weiter und war in diesem Hobby ziemlich aktiv. Ich besitze Fotos und Videos von meinen Auftritten auf allen möglichen Festivitäten, Uni-Sommerfest, persisches Neujahrsfest, Hochzeit, runde Geburtstage von Honoratioren, usw.

Das hat mir sehr viel gegeben. Die Freude der Zuschauer, die mich sehen wollten, die mitklatschten und teilweise mittanzten. Die nach meinen Vorführungen sagten, wie gut es ihnen gefallen hat. Diese Erinnerungen kann mir niemand mehr nehmen. Sie nähren mich bis heute.

Als ich 1991 wieder zurück in meine Heimatregion gezogen bin, habe ich mit den Bauchtanz-Auftritten und dem Unterrichten aufgehört. Die orientalische Musik liebe ich aber noch immer.

Und diverse der Bewegungen übe ich bis heute, um mich halb-wegs geschmeidig und fit zu halten.

Schnelle Hüftbewegungen liebe ich besonders. Dieses Schütteln der Hüften passt zu den Bedürfnissen meines Nervensystems, inneren Druck raus, raus, und nochmal raus zu lassen. Wie eine Katze, die nach einem Regenguss die beschwerenden Wasser-tropfen abschüttelt.

Es passt – natürlich – auch zu den Bedürfnissen nach sexueller Erfüllung.

*   *   *

Nach dem Studium bin ich, wie gesagt, wieder in meine Heimat-region gezogen, in die meinem Heimatdorf nächstgelegene Großstadt. Die Kleinstadt, in der ich studiert habe, war für das Studentendasein gut geeignet, aber Arbeitsplätze gab es da kaum. Immer wieder waren Leute aus meinem engeren Freun-deskreis weggezogen. Diese Verluste vertrauter Menschen setz-ten mir zu. Ein Schicksal, das sich vermutlich weiterhin so er-eignet hätte, wäre ich dort geblieben. Abgesehen davon wollte ich sowieso in der Stadt leben, in der ich nach meiner Lehre gearbeitet und mich bald zuhause gefühlt hatte.

Ich dachte mir, dass ich in einer Großstadt auf jeden Fall einen passenden Arbeitsplatz finden würde. Das erwies sich als Trug-schluss. Da ich erst nach der Lehre das Abitur gemacht hatte, war ich nach dem Studium nicht mehr ganz jung, aber noch ohne nennenswerte Berufserfahrung. Der Versicherungskon-zern, bei dem ich ein Halbjahrespraktikum im Bildungswesen absolviert hatte, hätte damals in einer anderen Großstadt je-manden gesucht. Dort hätte ich eventuell einen Einstieg finden können. Aber ich wollte nicht schon wieder umziehen.

Meine gravierenderen Probleme lagen ohnehin in meiner psychi-schen Konstitution und meinem daraus resultierenden Verhalten begründet. Unsicheres Auftreten, zurückhaltend, nicht gerade wortgewandt, zu großer Respekt vor Dominanzpersonen, usw. Smalltalk mit Höherrangigen war für mich so gut wie unmöglich. Derartige Situationen habe ich gemieden, wo ich nur konnte. An meinen Sozialkompetenzen feile ich bis heute. Damals waren sie noch entwicklungsbedürftiger, als sie es jetzt sind.

Zudem hatte ich mich immer wieder mit teilweise starken Angstzuständen auseinanderzusetzen. Gefühle von Ausgeliefertsein und Hilflosigkeit gehören auch zu dem Erbe, das mein Elternhaus mir mitgegeben hat. Und Erinnerungen, die ihre Inhalte erst später klar gezeigt haben, die aber die ganze Zeit schon ihr kraftraubendes und angstmachendes Eigenleben in meinem Unbewussten vollführt haben.

Nach dem Studium habe ich etwa zwei Jahre lang über Zeitarbeit in meinem alten Büroberuf gearbeitet in der Hoffnung, so in ein Unternehmen reinzukommen und dann intern auf eine bessere Stelle wechseln zu können. Das klappte nicht.

Das Finanzdienstleistungs-Unternehmen, in das ich nach diesen zwei Jahren eintrat, hatte keine gute Personalpolitik, und ich bin nicht der Typ, der sich mit voller Kraft gegen solche Widerstände stemmt. Hinzu kommt, dass ich schon seit einiger Zeit realisiert hatte, dass ich Ängste und Panik mit Alkohol recht gut wegkriegen konnte.
Einerseits reduzierte das Trinken meinen gefühlten Handlungsdruck und ließ mich dadurch passiver werden. Duldsamer und auch manipulierbarer. Mehr und mehr zog ich mich aus sozialen Situationen zurück. Andererseits baute sich der Alkoholismus-Teufelskreis auf: Immer neue – suchtbedingte – Probleme entstanden und verursachten weitere Schwierigkeiten. Mit zunehmendem Alkoholkonsum konnte ich meine Angelegenheiten immer weniger gut regeln. Meine Sozialkompetenzen reduzierten sich, während die Nichttrinkenden sich weiterentwickelten und dazulernten.

In besagtem Finanzdienstleistungs-Unternehmen war ich jahrelangem Mobbing ausgesetzt. Zurückblickend hätte ich natürlich

Möglichkeiten gehabt, dem Mobbing zu entrinnen. Ich hätte frühzeitiger die Abteilung wechseln sollen, schädliche Entscheidungen nicht akzeptieren, selbstbewusster meine Rechte vertreten. Wenn ich es denn gekonnt hätte.

Einige der Mobbingvorgänge ähnelten in ihrer Art frappant den Schikanen, die mir X. viele Jahre lang angetan hatte. Durch X.s Taten war in mir der Boden für weiteres schikaniert werden bereitet. Dass es keinen Sinn hat, mich zur Wehr zu setzen, hatte er mir beigebracht. Und zwar gründlich.

Die Vergewaltigungen haben in meiner Seele die Botschaft eingebrannt, dass zwischenmenschliches Knirschen für mich grausame Folgen haben kann. Begebenheiten am Arbeitsplatz, die manch Anderen kalt gelassen hätten, haben bei mir massive Ängste anschwellen lassen. Ich habe mich hilflos und ausgeliefert gefühlt. War seelisch erstarrt wie die Maus vor der Schlange, die reglos darauf wartet, dass zugebissen wird.

Auch heute noch reagiere ich auf länger anhaltenden psychischen Stress mit einer Art von Angst, die sich in innerer Erstarrung zeigt. Dann sitze ich da mit innerer Unruhe und weiß nicht, wohin mit mir. In solchen Situationen kann ich mich nicht oder nur schwer zu irgendwelchen Tätigkeiten aufraffen. Es ist wie ein zwanghaftes Verharren im „Versteck" des Totstellens. Lange dauert sowas meistens nicht. Es kommt halt immer wieder und fügt sich unauffällig in den Alltag ein. Rein äußerlich war das dann halt ein Tag, an dem ich nicht viel Vernünftiges geschafft habe. Häufen sich solche Begebenheiten, dann rechne ich aus Erfahrung damit, dass eine depressive Episode im Anmarsch ist. Das bedeutet, dass ich, um gegenzusteuern, öfter in Selbsthilfegruppen gehe und mich auch ansonsten mehr mit anderen Menschen treffe und austausche. Und natürlich am auslösenden Problem dranbleibe.

Das alles war mir lange nicht bewusst. Die Therapie, in deren Verlauf der sexuelle Missbrauch in meiner Kindheit aufkam, suchte ich auf, als ich mit den Schikanen am Arbeitsplatz und meinen immer stärker werdenden Ängsten nicht mehr fertig wurde.

*Da dachte ich beim Malen an eine antike Ruinenstätte.
Im Nachhinein betrachtet symbolisiert es für mich abge-
brochene Lebenschancen.*

Seelenland unter Wasser

Über eine Zeitarbeitsfirma kam ich in die oben erwähnte Finanz-firma. Dort hätte ich das Angebot gehabt, in einer der Abteilun-gen als Büroleiterin zu arbeiten. Dies erschien mir aber weniger attraktiv, als in der Abteilung zu bleiben, in der ich schon arbei-tete. Solche Entscheidungen, bei denen eine gewisse Angst vor Neuem eine Rolle spielt, haben mich leider schon öfter Chancen gekostet.

Jedenfalls blieb ich im Teamassistentinnen-Pool einer Abteilung, in dem ich mir mit drei Kolleginnen den Raum und die Arbeit teilte. Dass ich aufgrund meiner besseren Ausbildung auch an-spruchsvollere Tätigkeiten bekommen würde, hat sich bewahr-heitet. Und zwar üppig. Nicht erfüllt hat sich hingegen, dass ich dann auch besser gestellt und bezahlt werden würde. Im Ge-genteil hatte ich eine Doppelrolle zu bewältigen als Teamassis-tentin einerseits und als Zuständige für bestimmte dokumenta-rische Aufgaben andererseits. Die Sekretariats-Kolleginnen wa-ren sauer, weil wegen meiner Sachbearbeitung mehr Arbeit für sie übrig blieb. Abgesehen davon passte ich wegen meiner aka-demischen Ausbildung nicht wirklich in diese Teamassistentin-nen-Gruppe hinein.

Die Abteilung bestand aus einem Hauptabteilungsleiter, vier darunter angesiedelten Abteilungsleitern, von denen jeder für etwa fünf bis sieben Sachbearbeiter zuständig war. Wir vier bis fünf Teamassistentinnen mussten die gesamte Abteilung bedie-nen.

Als ich dort anfing, kam eine der Kolleginnen von längerer Krankheit zurück. Sie wurde von den anderen als nerven-schwach bezeichnet. Im Laufe der Jahre habe ich diese Kollegin aber als durchaus stabile und auch vernünftige Person kennen-gelernt. Allerdings hat sie später das Mobbing gegen mich teil-weise auch mitgemacht.

Wir Teamassistentinnen rangierten hierarchisch unter den zwei Sekretärinnen im Vorzimmer des Hauptabteilungsleiters. Als eine der zwei Sekretärinnen ein paar Wochen weg war, musste eine von uns Teamassistentinnen im Sekretariat aushelfen. Diejenige, die länger krank gewesen war, hätte das übernehmen sollen, wollte aber nicht.

Warum sie es nicht wollte, sollte ich bald erfahren. Ich übernahm also die Vertretung und war dort mit einer Kollegin konfrontiert, die nichts unterließ, um meine Arbeit zu untergraben. Von vornherein klärte sie mich darüber auf, dass eingehende Anrufe von ihr angenommen würden, da ich mich ja ohnehin nicht auskennen würde. Dass dieses Nicht-Auskennen so blieb, dafür sorgte sie nachhaltig. Ich war aufgrund meiner persönlichen psychischen Situation nicht in der Lage, gegen dieses geballte Maß an Schikane anzukämpfen.

Diese Kollegin war ein eher kumpelhafter Typ, mit kurzen Haaren und legerer, figurkaschierender Kleidung. Ihre extravertierte Art brachte ihr viele Kontakte ein, die sie geschickt zu nutzen wusste. Oftmals hörte man sie durch die halbe Abteilung sprechen oder lachen, wenn sie sich schrill benahm. Den Typ „dezente, gepflegte Dame" verkörperte sie nicht gerade.

Und sie hatte es nicht versäumt, mich darauf hinzuweisen, dass sie zuckerkrank war, und dass Stress für sie gesundheitlich gefährdend sein konnte.

Da ich es nicht schaffte, mich mit ihr anzulegen, überließ ich ihr die Anrufe. Waren aber Andere im Sekretariat, ließ sie es extra lange klingeln, damit jeder sehen konnte, dass sie diejenige war, die die Arbeit machte. Natürlich habe ich dann doch Anrufe entgegengenommen, konnte aber keine vernünftigen Auskünfte geben, da die Kollegin mir die nötigen Informationen vorenthielt. Einmal informierte mich einer der Direktoren, der es mitbekommen hatte, über einen relevanten Sachverhalt, so dass ich meine vorherige Aussage korrigieren konnte. Die Kollegin saß unbeteiligt daneben, aber es wurde klar, dass sie die Information schon gehabt hatte. Sie hatte aber keinerlei Anstalten gemacht, mir diese mitzuteilen.

Wer sich bei mir anmeldete, um zum Chef reinzukommen, hatte Pech, denn die Kollegin konnte die Reihenfolge bestimmen, und sie nahm nur dran, wer sich bei ihr angemeldet hatte.

Meine Gesprächsversuche, um das Verhältnis zwischen ihr und mir zu verbessern, verliefen ohne Ergebnis. Die Kollegin hörte nicht hin, ließ mich nicht ausreden, gab siebengescheite Sprüche von sich (z. B. „wir werden nicht umhin kommen, uns zu vertragen"), usw., änderte aber nichts an ihrem Verhalten. Souverän war auch mein Verhalten nicht, unfair allerdings auch nicht. Darauf legte ich Wert.

Manchmal strotzte die Kollegin vor Freundlichkeit. Nahm mir z. B. eine wichtige Arbeit ab, nur um sie dann doch nicht zu erledigen und mich dastehen zu lassen als diejenige, der man keine wichtige Arbeit geben konnte. Als Ausrede mussten üblicherweise Missverständnisse herhalten.

Auch ihre Zuckerkrankheit war ihr nicht zu gut, um sie ins Feld zu führen. „Gehen Sie doch zum Mittagessen. Ich kann ja meine Pause wegen meines Zuckers nicht verschieben. Ich schreibe für Sie weiter." Als ich dann von meiner Pause zurückkam, war natürlich nichts weitergeschrieben. Angeblich ein Missverständnis, und ich stand als die Verantwortungslose da.

Auf irgendeine Weise schaffte sie es immer wieder, mich ins offene Messer laufen zu lassen. Was das anlangte, war diese Frau engagiert kreativ.

Einmal unterhielt ich mich mit den anderen Teamassistentinnen und fragte, ob sie denken würden, dass die schwierige Kollegin dies absichtlich machen würde oder aber nicht durchblickte, was sie tat. Da bekam ich einhellig zur Antwort, dass man auch schon darüber nachgedacht hätte, aber zu keiner Antwort gekommen sei.

Ich hatte bald die Nase voll und setzte mich wieder zurück ins Teamassistentinnen-Zimmer. Wurde aber kurz darauf von einem der Direktoren wieder geholt, denn der Chef brauchte ja zwei in seinem Vorzimmer.
Wofür auch immer.

Als die Vorzimmerkollegin, die „Oberste" der Sekretärinnen, aus ihrem Urlaub (glaube, es waren zwei Wochen) zurück war, und ich wieder im Teamassistentinnen-Zimmer arbeiten durfte, waren die Probleme bereits eingeschliffen. Zum Postholen und für diverses anderes musste ich mehrmals täglich ins Vorzimmer gehen. Das wurde für mich mehr und mehr zu einem Spieß-rutenlaufen. Die andere im Vorzimmer, die „Oberste" hielt fest zu ihrer schwierigen Zimmergenossin. Letztere amüsierte sich zum Beispiel, meine Hose würde quietschen wie eine Windel und lachte sich jedesmal schief, wenn ich mit der Hose ankam. Oder ich erhielt Kommentare der Art, „Waren Sie beim Friseur? Ja, gehen Sie denn andauernd zum Friseur?"

Manchmal wurde ich wie Luft behandelt, so, als wäre ich gar nicht anwesend.

Das Hauptproblem lag aber im Arbeitsbereich. Die schwierige Kollegin arbeitete weder viel noch gut. Und sie tat einiges, das die Arbeit von uns anderen nicht nur erschwerte, sondern als schlecht dastehen ließ.

Ich hatte es richtig vorausgesehen, dass ich gut daran tat, Be-lege für die von mir erledigten Arbeiten zu sammeln, denn der Tag kam, als ich von Seiten der Direktoren darauf angesprochen wurde, dass ich wohl nicht so viel arbeiten würde. Das konnte ich entkräften. Gott sei Dank, dachte ich. Aber: Die schwierige Kollegin ließ sich weiteres einfallen, um ihre behauptete Überle-genheit zu manifestieren.

Unterlagen für die Wiedervorlagemappe, die ich zu führen hatte, bekam ich nicht rechtzeitig oder sie lagen unerklärlicherweise im Fach für einen späteren Tag. Aufgrund meiner mehrjährigen Berufserfahrung wusste ich aber halbwegs, wie meine persönliche Fehlerart und –quote aussah und habe Kompensations-mechanismen entwickelt. Zum Beispiel notiere ich mir wichtige Dinge nochmal extra. Was hier in dieser Abteilung als meine Fehler auftauchte, war für mich einfach untypisch.

Aber wie beweist man sowas? Ich habe halt meinem Bedauern Ausdruck verliehen und gesagt, dass ich künftig noch besser auf die entsprechenden Dinge achten werde. Aber jeder, der die beklagten Fehler wirklich gemacht hat, würde das gleiche tun. Und ich konnte mir ja selbst nicht einmal sicher sein, ob es nicht doch meine Fehler gewesen waren. Zumal, da ich wegen der Schikanen unter immer höherem psychischen Stress stand.

*   *   *

Nach einiger Zeit erfuhr ich, dass ich als Nachfolgerin einer Sachbearbeiterin vorgesehen war, die demnächst in Rente ging. Das freute mich. Die Sachbearbeiter dort hatten ihre konkreten Aufgabenbereiche und waren nicht, wie wir Teamassistentinnen, Auffangbecken für jegliche Arbeiten, die sonst keiner machen wollte.

Schon bald folgte allerdings die Enttäuschung, dass ich trotz der dazu gekommenen Sachbearbeiter-Aufgaben weiterhin als Tea-massistentin mitarbeiten sollte.

Rückblickend betrachtet war das eine der Bedingungen, die ich nicht hätte akzeptieren sollen. Aber ich ließ ja vieles mit mir machen. War enttäuscht, hoffte auf Besserung, habe mich letzt-lich nicht hinter mich gestellt, um mich zu vertreten. Wie so oft in dieser Zeit.

Über die Aufgabenerweiterung war ich froh, da sie meine Arbeit anspruchsvoller und interessanter machte, obwohl sie in erster Linie darin bestand, mit Zahlen zu jonglieren. Sie erforderte mehr Zusammenarbeit mit den Sachbearbeitern, von denen ich Informationen erhielt, die ich dann weiterverarbeitete. Dies sollte sich später als Konfliktfeld erweisen, denn nicht selten bekam ich zu spüren, so ungefähr, dass ich erst mal deren Bänder abtippen sollte, bevor sie mir gaben, was ich für meine Sachbearbeitung brauchte. Ich hatte aber Termine einzuhalten und hätte die Informationen von vornherein unaufgefordert erhalten sollen.

Diese Doppelrolle aus Sachbearbeitung und Teamassistenz bedeutete für mich erheblichen Stress. Der Frust der anderen Teamassistentinnen darüber, dass ich nun weniger Arbeiten aus ihrem Bereich übernehmen konnte, traf mich postwendend und knüppelhart. Wohl auch aus einem gewissen Neid heraus. Andererseits war ich mit den Sachbearbeitungs-Aufgaben häufig unter zusätzlichem Druck wegen Terminen und mangelnder Kooperationsbereitschaft der anderen Sachbearbeiter.

Rückblickend sehe ich: In dieser Abteilung war niemand außer mir derart tiefschürfend dämlich, eine solche Doppelrolle jahrelang zu akzeptieren. Aber ich war zu keinem anderen Handeln fähig als dazu, diese Ausbeutung mit mir machen zu lassen.

In dieser Zeit war mein suchtbedingt hoher Alkoholkonsum bereits voll am laufen. Und die schweren Arbeitsplatzprobleme wirkten auf meine Trinkerei nicht gerade bremsend. Andererseits bremste aber der Alkoholkonsum die Entwicklung meiner Problemlösefähigkeiten.

Für die Bewältigung der Sucht ist es essentiell wichtig, nicht auf solche Gedanken abzuheben, wegen welcher Probleme ich denn getrunken habe, sondern stets im Auge zu behalten, welche Probleme durch das Trinken entstanden sind oder in ihrer Lösung behindert wurden.
Ich habe nicht getrunken, weil Kollegen oder Chefs oder wer auch immer „böse" waren zu mir. Ich habe getrunken, weil ich eine Suchterkrankung hatte.
Wie sich diese Suchterkrankung entwickelt hat, ist eine andere Frage. Aber wenn sie da ist, ist sie da. Die Sucht verleugnen zu wollen, hemmt nur deren Bewältigung. Aber darauf gehe ich später noch ein.

* * *

Mein indirekter Vorgesetzter entsprach in seinem Auftreten dem Typ des korrekten Buchhalters. Das dünne, schon etwas lichte Haar stets kurz geschnitten, konservative Kleidung, üblicherweise freundlich, auch verbindlich wirkend.

Absichtlich sage ich nicht „verbindlich", sondern „verbindlich wirkend". Denn er larvierte herum um Inhalte, auf die es ankam, so dass meine Arbeit stets wegen des Fehlens wichtiger Informationen behindert wurde. Irgendetwas gab es immer, das ich von ihm noch brauchte, aber nicht rechtzeitig oder überhaupt nicht erhielt.

Ohne Ende musste ich diesen Herrn beackern und bearbeiten. Meine Angebote, bestimmte Informationen selbst einzuholen, schmetterte er ab mit dem Hinweis, dass das „heikle" Angelegenheiten wären, die nur er erledigen könne. Allerdings bin ich immer öfter dazu übergegangen, mir Informationen doch selbst einzuholen, sofern es ging mittels eines schlichten Anrufs in einer anderen Abteilung.

Scheints läuft es bei vielen Alkoholikern so, dass sie in ihrer „nassen Zeit" jahrelang ihren Job gut erledigen. Man funktioniert halt und hat gelernt, sich anzupassen.
Ich persönlich hätte erstens viel mehr Therapie gebraucht, und zweitens eine, die zielgerichtet an die Wurzeln meiner Probleme geht. Auch daran, warum ich nicht für mich einstehen konnte, warum ich mich derart wehrlos ausbeuten ließ. Aber was an Therapie verfügbar war, wurde aufgebraucht dafür, dass ich im Job funktionierte. Und immerhin, ich konnte mich am Leben erhalten.

Nachdem ich bereits ein paar Jahre in diesem Finanzdienstleistungs-Unternehmen gearbeitet hatte, dachte ich einmal darüber nach, warum ich die Arbeit nicht so selbständig und zügig erledigen konnte, wie ich es mir vorstellte, und wie ich es auch von meinen früheren Tätigkeiten gewohnt war. Die Arbeit war nicht so kompliziert, dass sie nicht nach mehrjähriger Erfahrung selbständig zu bewältigen gewesen wäre. Damals fiel es mir wie Schuppen von den Augen, und mir wurde erst richtig klar, in welchem Ausmaß mir mein indirekter Vorgesetzter Informationen vorenthielt und mich mit sonstigen Taktiken blockierte, damit ich dauerhaft von ihm abhängig blieb.

Lange habe ich gebraucht, bis mir das in aller Deutlichkeit klar wurde. Lange habe ich mich von ihm einlullen lassen. Anfangs stärkte er mir den Rücken, wenn ich über die schwierige Kollegin klagte, und ich stützte mich innerlich auf seinen Beistand.
Dass ich mich auf diesen Menschen stützte, war mein Fehler. Und es war Ausdruck meiner inneren Hilfsbedürftigkeit und Unselbständigkeit.
Weder erkläre ich das noch bewerte ich es hier. Ich beschreibe es nur.

*   *   *

Als junge Frau habe ich sehr an mir gearbeitet. Habe klassische Musik gehört, was in unserer Familie nicht üblich war, habe angefangen, Klavierspielen und Singen zu erlernen, bin in Ballettkurse gegangen und in solche für Autogenes Training. In den Kursen für Autogenes Training habe ich den für mich so wichtigen Heilpraktiker kennen gelernt. Kontinuierlich habe ich an mir gearbeitet. Daran, wie ich mein Leben vernünftig gestalten kann, wie ich als Mensch kompetent und verträglich sein kann, und wie ich für mich selbst gut durch komme. Mit meinen Ängsten, meinem schwerst untergrabenen Selbstwertgefühl und sonstigen Gegebenheiten hatte ich alle Hände voll zu tun.

Teilweise ist es noch heute so. Jetzt, wo ich hier an dem kleinen Netbook sitze und dieses niederschreibe, liegt auf dem Tisch vor mir ein Angstfahrplan, den ich in schwierigeren Zeiten erstellt habe und den ich hie und da hervorhole. Noch immer steht etwas darin, das ich noch nicht genügend aufgesogen habe. Weswegen es sich lohnt, ihn wieder durchzulesen. Er ist ein wirksamer Mutmacher.

Der wichtigste Punkt auf meinem Angstfahrplan lautet, dass meine Angst nur wenig oder gar nichts zu tun hat mit einer realen Gefährdung. Ein Appell an meine Ratio sozusagen. Das hilft meistens recht gut.
Desweiteren erinnert er mich daran, mich auf meine eigenen Wünsche und Ziele zu konzentrieren und darauf, wie ich diese erreichen kann. Und daran, dass es mir mehr bringt, die Probleme – oder was immer die Angst ausgelöst hat – als Herausforderung zu sehen.
Irgendwann mal hörte ich den Spruch, dass Pessimisten bei jeder Gelegenheit ein Problem sehen, und Optimisten bei jedem Problem eine Chance. Ich finde, da ist was dran.

Manchmal hätte ich mich schämen können dafür, in meinem Alter noch immer derartig mit mir selbst beschäftigt zu sein. Aber Gott hat mir nicht wenig zu bewältigen aufgegeben.

Jedenfalls war es damals für mich besonders wichtig, was andere über mich denken. Dass sie mir möglichst nur Gutes zuschrieben und mich für einen Ok-Menschen hielten. Beruflich hatte ich mir aufgrund meiner Arbeitsergebnisse, positiver Rückmeldungen und guter Arbeitszeugnisse eine vorteilhafte Meinung von mir aneignen können.

So konnte ich die Schmach, die ich in meiner Herkunftsfamilie erleben musste, recht gut kompensieren. Aber damit bin ich auf Grund gelaufen, und später habe ich einsehen müssen, dass ein wirklich tragfähiges Ego weiter reichende Stützpfeiler braucht als nur das, was einem andere Menschen geben können. Für mich gehört dazu die Einsicht, dass meine Würde angeboren ist und mir nicht von anderen Menschen abgesprochen werden kann. Egomäßig könnte da irgendwann etwas wie ein Nullzustand gewesen sein, auf dem es sich aufbauen lässt. Aber mein Ego war weit unter Null, in Richtung Verdammnis. Damals!

Wie gesagt, jetzt, wo ich dieses niederschreibe, geht es mir nachhaltig besser. Viel Wertvolles habe ich errungen und bin, wie ich finde, auf dem richtigen Weg.

Meine Wünsche nach Bestätigung wurden anfangs von diesem indirekten Vorgesetzten recht gut erfüllt. Ich war gut drauf deswegen, was ich auch ausgestrahlt habe. Meine Kolleginnen hingegen waren darüber alles andere als erfreut.
Wo man ansetzen musste, wollte man mich, die Konkurrentin, treffen, hatten die bald heraus gefunden.

*   *   *

Es war Sommer, als ich in dieser Firma angefangen hatte, zu arbeiten. Spätestens nach einem halben Jahr zeigte sich mir der Arbeitsplatz von einer ganz anderen Seite.

Auch unter den Sachbearbeitern gab es einen, der unermüdlich zu mannigfaltigen Schikanen griff, um mich, die vermutete Konkurrenz, wegzutreten. Es ging um das Führen einer umfangreichen Datenbank, die dieser Sachbearbeiter erstellt hatte, und die ich nun übernehmen sollte. Mich los zu werden, darum ging es ihm nicht. Sondern darum, mich die ganze Arbeit erledigen zu lassen, um anschließend seinen eigenen Namen darüber zu schreiben. Spielte ich nicht mit, hieß es „Arbeitsverweigerung". Ich hätte diesem Herrn seine Datenbank ohne Frage überlassen. Da aber spielte der uns beiden übergeordnete Direktor nicht mit.

Die Spielchen schauten dann aus wie etwa dieses: Ich sollte an der Datenbank etwas machen, wofür ich aber Informationen von Seiten des Sachbearbeiters brauchte. Dieser versicherte mir, er würde die Informationen in die Datei einarbeiten und sie dann am Abend dem Direktor ins Fach legen. Was natürlich nicht geschah. Was ich erst am nächten Morgen bemerkte. Selbstverständlich konnte sich der Sachbearbeiter nicht an eine derartige Absprache erinnern.

Zu dieser Zeit waren die weiter vorne geschilderten Schikanen der schwierigen Kollegin schon länger am laufen. Und ich war mit den Nerven rundum fertig. Mir in diesem Zustand Fehler und Schuldigkeiten zuzuschieben, war einfach.

*   *   *

Die Hochphase des Mobbings mir gegenüber begann, als mein indirekter Vorgesetzter plötzlich eine nahezu innige Vertrautheit mit der schwierigen Kollegin an den Tag legte. Seine – kollegiale oder wie auch immer geartete – Beziehung zu dieser Frau hätte mir gleichgültig sein können. Aber zeitgleich wurde er mir gegenüber immer reservierter und kühler.

Damit nahm es seinen Anfang, dass ich es niemandem mehr recht machen konnte. Ich habe ohne Ende versucht, meine Arbeit gut und es speziell meinem indirekten Vorgesetzten recht zu machen. Vor allem habe ich versucht, mit ihm darüber zu sprechen, was ich denn ändern solle in meinem Arbeitshandeln. Aber er gab mir keine konkrete Auskunft, wirkte nur wie ein verletztes Tier, dem ich einen fast tödlichen Stoß versetzt hätte. Er sprach keine Anschuldigung aus, aber benahm sich mir gegenüber, wie wenn ich ihm etwas unfassbar Schreckliches angetan hätte. Was ihn zu diesem Verhalten veranlasste, darüber sagte er mir gegenüber kein Wort. Er ließ mich im Unklaren, beantwortete keine meiner wiederholten Fragen danach. So ging es ein paar Jahre lang, mit verschiedenen Intensitäten und Ausprägungen.

Es war wie damals zuhause mit X., der meine Aussagen nicht gelten ließ, mich wie Luft oder wie einen Unwürdigen behandelte, ohne mir jemals zur Kenntnis zu geben, was ich denn Schreckliches getan haben soll. Der alle Register zog, um mich psychisch zu destabilisieren. Ob das bewusst getan wurde oder nicht, darauf kommt es im Ergebnis nicht an.

Und ich hatte durch X. gelernt, dass ich keine Chance zur Gegenwehr hatte. Dass er es im Kreuz hatte, all meinen Widerstand im Keim zu ersticken.

Mit einigen der Direktoren in dieser Firma lief es nicht anders. Was immer der Auslöser für deren Verhalten mir gegenüber gewesen sein mag, darüber kann ich bis heute nur Mutmaßungen anstellen.

Es fällt mir schwer, zu konkretisieren, wie genau es geschah, aber beide, X. sowie mein indirekter Vorgesetzter, schafften es, mich so zu lähmen, dass ich mich nicht mehr meiner Haut erwehren konnte. Es lag ein Vorwurf in der Luft, der die Botschaft transportierte, dass ich eine ganz Üble bin. Was genau ich getan haben sollte, wurde aber nie mitgeteilt, nicht mal andeutungsweise. Gesprächsverweigerung war eine der zentralen Taktiken in diesem psychisch destabilisierenden Vorgehen. Verschleiert wurden diese Blockaden, indem ich als dämlich hingestellt wurde, da ich nicht kapierte, was angeblich offensichtlich war. So ungefähr, ich sei sogar derart dämlich, dass ich nicht mal einsehen würde, was ich Schreckliches getan hätte.

Geredet wurde natürlich mit mir. Über dieses und jenes, über alles Mögliche. Nur nicht darüber, worauf es angekommen wäre. So konnte stets der Eindruck gewahrt werden, „man" wäre ja „total" freundlich mir gegenüber.

Stets wurden die herabsetzenden oder gar bedrohenden Botschaften so kaschiert, dass diejenigen sich darauf zurückziehen konnten, ich würde nur – wieder mal („Seufz") – etwas überinterpretieren.

Ach ja, mir fällt gerade ein, dass mir einer der Direktoren mal wörtlich sagte: „Sie nehmen zu viel wahr".

Was ich gut gemacht hatte, wurde entwertet, meine Vorzüge wurden als Nachteile hingestellt. Die schwierige Kollegin und der Datenbank-Besessene gaben in dieser Firma die perfekten Unterstützer dieser maroden Inszenierung. Auch andere Kollegen und Kolleginnen spielten teilweise mit.

Das Verhalten mir gegenüber war respektlos. Oftmals genügte eine Änderung des Tonfalls oder eine kurze Pause in der Rede, um etwas Abfälliges auszudrücken. Viele, endlos viele Blicke teilten mir mit, was für ein Problemfall ich doch sei. Ich war seelisch wund und habe versucht, solchen Situationen aus dem Weg zu gehen. Allerdings hieß es dann, ich sei an meinen Problemen selbst Schuld, da ich mich ja wie ein Außenseiter verhielte. Oft standen mehrere Kolleginnen und Kollegen zusammen, unterhielten sich über scheinbar super lustige Dinge. Sobald ich aber dazu kam, wurden die Gespräche auf einmal ruhiger. Da standen wir dann, und keiner wusste etwas zu sagen. Mein Erscheinen nahm – für hofrecht – der Runde die Lustigkeit und löste sie auf.

Was die Akteure nicht bedacht hatten, ist, dass ich ja vorher schon diverse Jahre berufstätig gewesen war und Erfahrungen hatte darin, wie ich und meine Arbeit ankommen. Ob ein bisschen gut oder sehr gut, wie auch immer. In dieser Abteilung war jedenfalls alles anders. Aber getreu dem Motto „steter Tropfen höhlt den Stein" hatte ich die maroden Botschaften irgendwann aufgesogen und war mir meiner selbst nicht mehr sicher.

Da ich aufgrund meiner desolaten Seelenlage davon ausgehen musste, dass ich wirklich mehr Fehler machte, war ich verunsichert und konnte mich nicht so gut zur Wehr setzen. Ohne gutes Gewissen konnte ich es einfach nicht. Nicht ich.
Wie gesagt, ich beschreibe nur.

Immer wieder sah man mich mit verweinten Augen. Sie zu vertuschen, schaffte ich nicht mehr. Auch wurde mir irgendwann rückgemeldet, man würde bemerken, dass ich manchmal im Büro auf- und ablaufe. Ich war nervlich völlig zerkratzt und hatte keine Kräfte mehr.

Mein damaliger Hausarzt glaubte meinen Schilderungen der Arbeitsplatz-Schikanen nicht und hielt alles für Einbildung. Diese

Diagnose teilte er einem Krankenhaus mit, an das ich mich später wandte.

Auf meinen Rücken ist viel herunter geprasselt, das von Anderen kam und mich deswegen traf, weil ich wehrlos war. Auch einige ärztliche Diagnosen gehören dazu.

Auf meinem abendlichen Nachhauseweg habe ich mich oft Phantasien hingegeben, in denen ich die Stärkere war. In diesen Tagträumen war ich eine Heldin. Eine, die nicht nur sich selbst aus misslichen Umständen rettet, sondern auch Andere. Ein häufiger Tagtraum beinhaltete, dass ich eine Pilotin sei, die ein voll besetztes Flugzeug in letzter Sekunde vor dem Verderben rettet durch mutiges und kompetentes Abheben und dem Krieg davonfliegen.
Ohne Ende ergab ich mich in Tagträumen den Gefühlen, ok zu sein und meine Sache gut zu machen. Mit dieser Egoreparatur, die ich wenigstens in meinen Phantasien zustande brachte, linderte ich meine Seelenpein zumindest für die Dauer dieser Tagträume.

*   *   *

Mit den Vergewaltigungen in meiner Kindheit hatte ich Angst vor Nähe. Und was taten Einige lieber, als sich für bestimmte Arbeiten richtig nah neben mich zu setzen oder zu stellen. Ich versuchte stets, Abstand zu wahren. Dies wurde als Ausdruck meiner Problemhaftigkeit gesehen. Ich hingegen fühlte mich wie vergewaltigt, wenn ich da saß und den Geschlechtsgeruch eines Höherrangigen in meiner Nase haben musste, während dieser mir Ansagen machte, wie ich jetzt am PC dieses, dann jenes, usw., usw., zu tun hatte.

Irgendwann hieß es, ich dürfe in das Zimmer umziehen, in dem die Sachbearbeiterin gearbeitet hatte, deren Aufgaben ich übernommen hatte. Da hoffte ich, endlich dem Teamassistentinnen-Dasein vor allem dieser vermaledeiten Doppelrolle aus Teamassistenz und Sachbearbeitung entrinnen zu können.

Stattdessen habe ich mich abgeschoben gefühlt. In der Luft lag die Stimmung, man könne den Kolleginnen nicht länger zumuten, mit jemandem wie mir im gleichen Zimmer zu sein. Und ich musste erst recht wieder Tipparbeit leisten. Meine Sachbearbeitungs-Ambitionen wurden zurückgestutzt. Wirklich befreit von der Sachbearbeitung wurde ich aber auch nicht.

Die Doppelrolle blieb.

In dieser Zeit sagte einer der Direktoren mal zu mir, ich würde Rufmord zu nah an mich ranlassen. Nach meiner Meinung war das ein Eingeständnis, dass diese Führungskraft sehr wohl im Bilde war über die Team-zersetzenden Vorgänge auf dem Rücken einer Einzelnen. Geholfen hat mir das allerdings auch nicht.

Hatte ich in jüngeren Jahren X. schon abgekauft, dass ich eine Mogelpackung sei, die ein solider Mann nicht heiraten könne, so war ich durch dieses Mobbing irgendwann so weit, dass ich mich wie ein asexuelles Wesen gefühlt habe, das nur noch aus einer überflüssigen Hülle besteht, von der man nicht weiß, wohin damit. Ich fühlte mich unförmig, hatte eine stark strapazierte Gesichtshaut, meine Arbeit galt als wertlos. Ich fühlte mich insgesamt wertlos.

X. ebenso wie die Akteure in dieser Firma haben sich an meine Identität und an mein Selbstwertgefühl herangemacht. Sie wollten es mir buchstäblich restlos wegnehmen. Mir ihre Meinung ins Hirn pflanzen. Aber stabile Wurzeln in meinem durchgewaschenen Hirn haben diese Züchtigungen dennoch überlebt.

*   *   *

Als ich nach der ersten Mobbingphase wegen Depressionen mehrere Wochen krankgeschrieben war, war scheints überlegt worden, mich aus der Abteilung zu entfernen. Einer der Direktoren sagte aber (Erzählungen zufolge): „Wenn sie krank ist, ist sie krank". Darum wurde von meiner Versetzung in eine andere Abteilung abgesehen.

Einige Zeit nach dieser krankheitsbedingten Abwesenheit wurde die Abteilung zerschlagen und einer anderen angegliedert.

Die andere Abteilung hatte vier Sekretärinnen. Wir insgesamt neun Sekretariatsdamen wurden im Laufe von wenigen Jahren auf insgesamt viereinhalb runter rationalisiert. Die Anzahl derer, die uns Arbeit aufluden, wurde nicht reduziert.

Wir fünf Sekretärinnen aus der alten Abteilung waren bislang in zwei Räumen untergebracht gewesen. Mit der Umstrukturierung kamen wir alle zusammen in einen großen Raum. In der ersten Zeit, bis sich neue Kommunikationsmuster etabliert hatten, konnte ich da viel mehr mitkriegen von dem, was so abging. Dass die schwierige Kollegin viel weniger arbeitete, als wir anderen, wurde dabei nochmal deutlicher sichtbar. Sie verbrachte überreichlich Zeit damit, ihre „Kontakte zu pflegen". Auch das half mir, mich wenigstens ein bisschen zu wehren.

Ich selbst hatte seit einiger Zeit Psychotherapie, zuerst bei einem Verhaltenstherapeuten, der sich noch in Ausbildung befand, dann bei einem bereits fertig ausgebildeten Verhaltenstherapeuten, und danach bei einer psychoanalytisch orientierten Ärztin. Diesen Therapien habe ich es wahrscheinlich zu verdanken, dass ich dieses Mobbing überhaupt überlebt habe.

*   *   *

Nach der Zusammenlegung der zwei Abteilungen kam für mich erst mal eine Zeit seelischer Fülle. Das Mobbing ging zwar weiter und gipfelte wenige Jahre später in schweren nervlichen Zusammenbrüchen meinerseits und der Auflösung meines Arbeitsverhältnisses. Aber mein tief innen sitzendes Ego konnten die Vorgänge nicht mehr treffen.

Mich asexuell und als wertlose Hülle zu fühlen, das war einmal. Die Therapien hatten ihre Arbeit geleistet. Und ich selbst auch. Ich arbeitete seit langem kontinuierlich an mir. Trotz allem musste ich noch diverse Tiefen durchschreiten.

Soweit ich mich erinnere, habe ich nach der Zusammenlegung von dem neuen Vorgesetzten sogar eine Leistungsprämie erhalten.

Jedenfalls habe ich mich seinerzeit auch figurmäßig wieder flotter hingekriegt und habe angefangen, mich businessmäßiger zu kleiden. Mir war anzusehen, dass es mir insgesamt besser ging.

Monate lang hatte ich Glücksgefühle. Dieses Phänomen kenne ich. Ich glaubte lange, diese Gefühle seien Vorboten eines großen Glückes, das ich bald erleben würde, ein Traummann, viel Geld, oder ähnliches. Und irgendwann merkte ich, dass ich in meiner psychischen Entwicklung eine weitere wichtige Stufe erklommen hatte. Dass ich mich spürbar weiterentwickelt hatte, wurde mir damals auch von Anderen rückgemeldet.
Das hatte ich vorher schon ein-, zweimal erlebt und auch später wieder mehrmals. Geistige Erkenntnisse und seelisches Wachstum erscheinen bei mir mit Glücksgefühlen im Gepäck.

*   *   *

Die Zeit in diesem Großraumbüro ging nicht lange, vielleicht ein Jahr, grob geschätzt. Dann wurde unser Büro aufgelöst, und wir wurden dem Sekretariat des Hauptabteilungsleiters angegliedert. Dort waren vier Damen auf zwei Räume verteilt, zwei direkt vor der Türe zum Generaldirektor und zwei im nächsten

Raum. Im Rahmen der Angliederung wurden wir auf den zweiten und einen neu geschaffenen dritten Raum verteilt.

Wie in der alten Abteilung gab es auch hier eine Hierarchie zwischen uns Sekretärinnen. Die, die direkt beim Generaldirektor saßen, hatten z. B. die meisten Zugriffsrechte auf Dateien und bekamen stets als erste Geschenke, wenn es welche gab.

Wir neu dazugekommenen mussten ab jetzt Früh- und Spätdienste mitmachen, sowie die Absprachen bezüglich der Mittagspause, da die Telefone stets besetzt sein mussten. Für den Früh- und Spätdienst mussten wir im vordersten Zimmer sitzen. Die Hierarchie galt im Wesentlichen nur für Vergünstigungen. Bei Pflichten mussten wir alle gleichermaßen ran.

In diesem Sekretariatspool war man den Schikanen einzelner Sachbearbeiter noch stärker ausgeliefert. Da auf eingehende Anrufe stets reagiert werden musste, konnte man nicht einfach den Raum verlassen, wenn es einem zu viel wurde.

Insbesondere der heikle Datenbank-Sachbearbeiter kostete dieses weidlich aus. Häufiger kam er haargenau in der Mittagszeit, wenn ich allein im Büro war, und ihm damit auf Gedeih und Verderb ausgeliefert. Dann brauchte er unbedingte Unterstützung von mir, und zwar sofort. Er, der nach seinen Aussagen als einziger kompetent genug war, um „seine" angabegemäß hochkomplexe Datenbank zu bearbeiten. Dieser Sachbearbeiter kam dann und forderte Hilfe dabei, in schlichten Textdateien kleine Änderungen, wie etwa Kommaverschiebungen, vornehmen zu lassen. Und wehe, ich bediente ihn nicht genügend.

Für mich war das wirklich heikel, da ich aufgrund meiner Doppelfunktion auch eigene Ausarbeitungen fristgerecht abliefern musste. Ja, wirklich fristgerecht abliefern musste. So waren wir schon dressiert. Mit Überstunden Mehrarbeit abfangen ging kaum, da viele Arbeiten sehr kurzfristig terminiert waren. Insbesondere für meine Sachbearbeitungen erhielt ich erforderliche Informationen oft erst kurz vor Abgabe. Teilweise kam das zustande, weil Andere mir die nötigen Informationen trotz wiederholter Anfragen erst auf den letzten Drücker lieferten. Teilweise lag es in der Arbeit selbst begründet, wenn etwa bestimmte Finanzmarkt-Tageskurse zeitnah aufbereitet werden mussten. In diesem Klima von Zeitdruck, behaupteter Wichtigkeit und Schikane arbeitete ich für hofrecht mit glühendem Nervensystem. Besonders „wichtig" war seinerzeit ein Tableau mit aktuellen Finanzmarktdaten, das stets freitags allerspätestens um 15 Uhr abgeliefert sein musste.

Genau freitags mittags kam nun der Datenbank-Kandidat. „Wenn Sie mir diese Arbeiten nicht jetzt gleich erledigen, beschwere ich mich beim Chef über Sie." Das habe ich von ihm öfters zu hören bekommen. Und zu meinem Leidwesen musste ich lernen, dass der Chef üblicherweise zu diesem Sachbearbeiter hielt. Ich erhielt Anweisungen wie „Sie erledigen die von Herrn XY geforderten Arbeiten, und Ihre Liste haben sie trotzdem bis 15 Uhr fertig!"

Auch auf die anderen Teamassistentinnen wirkten sich die Probleme aus. Manchmal, wenn es wieder mal besonders heiß her gegangen war, hyperventilierte ich. Manchmal hyperventilierte eine andere. Aber stets lag im Raum, dass ich die Schuldige bin. Und nur ich.

*   *   *

Ich erinnere mich noch an den Tag, als ich, im Krankenstand befindlich, einen sehr frühen Termin bei meiner damaligen Therapeutin hatte. Wir sprachen über meine wiederholten Versuche, innerbetrieblich die Stelle zu wechseln. Ich erzählte, dass die Leute in der Firma mich unter Druck setzten, mich möglichst schnell auf andere Stellen zu bewerben. Ich klagte, dass man mir nicht genügend Zeit dafür lassen würde. Darauf hin sagte die Therapeutin, dass ich diese Zeit auch tatsächlich nicht hätte.

Nervlich war ich völlig am Ende. Nach der Therapiestunde bin ich nach Hause gefahren und habe mich total betrunken. Ich weiß noch, dass ich Glas um Glas gekippt und mir irgendwann gedacht habe, wohin denn das noch führen soll. Nach einigen Stunden habe ich heftige Panik bekommen, bin in die Küche gelaufen, habe ein Messer herausgeholt, um mir die Pulsadern aufzuschneiden. Dann stand ich da mit dem Messer in der Hand und blickte auf blütenweiße Unterarme. Keine Ader zu sehen, die ich hätte aufschneiden können.

Entweder hatte ich damals Wahrnehmungsstörungen, oder mein Organismus hat aus Angst alle Adern in unsichtbare Tiefen versenkt. Jedenfalls hat mein Selbsterhaltungstrieb gesiegt. Ich bin zum Telefon gelaufen, habe den Notruf gewählt und am Telefon alles brühwarm erzählt. Wie es mir geht, dass ich mich umbringen wollte oder will (weiß es nicht mehr genau), und so weiter.

Bald darauf waren mehrere Polizisten in meiner Wohnung. Eine freundliche Polizistin sprach lange mit mir. Ich habe geweint und geredet und geredet. Nach einiger Zeit gingen wir hinaus zum Polizeiauto, und ich wurde ins Landeskrankenhaus gefahren. Dies war die erste Episode, in der ich mir das Leben nehmen wollte.

Quo vadis – wohin gehst du?

Ein paar Tage war ich damals in der Entgiftungsstation und wurde schließlich als „nicht suizidal" entlassen.

Einige Monate später holte mich die potenzielle Lebensgefahr wieder ein. Ich wollte und will ja tatsächlich leben.

Aber ich war wieder mal fertig mit den Nerven und bin Stunde um Stunde im Zimmer auf- und abgelaufen, bis ich Herzbeschwerden hatte. Diese Herzbeschwerden waren bald so heftig, dass ich in eine der Kliniken in die Notaufnahme gefahren bin. Dort wurde ich nach Kurzdiagnostik zwischen Tür und Angel an den anderen Wartenden vorbei herein geholt und an Überwachungsgeräte angeschlossen. Wenn ich im Laufe der Stunden, die ich dort verbracht habe, nur etwas lauter atmete, kam sofort Jemand, um nach mir zu sehen.

Die gründlichen Untersuchungen brachten aber kein anderes Ergebnis, als dass ich im Wesentlichen gesund sei, daher wurde ich noch am Abend desselben Tages wieder entlassen.

Herzbeschwerden begleiten mich bis heute immer wieder in stressigen Lebensphasen. Auch die Zuckungen, die aus dem Bereich meines Zwerchfells kommen, habe ich in leichterer Form noch heute. Zum einen treten sie in Stresssituationen auf. Zum anderen begleiten sie mich bei vielen alltäglichen Bewegungen. Es ist schon wahrnehmbar, dass sie aus einer hoffnungslosen Überforderung meines Organismus heraus entstanden sind.

Menschen, die mich näher kennen, wissen von diesen Zuckungen. Gerade auch die in den Selbsthilfegruppen haben mich während der verschiedenen Phasen der Ereignisse erlebt. Mit starken Zuckungen, schimpfend, verzweifelt, gut drauf, hoffnungsvoll, mit leuchtend blauem Gitterverband auf der Nase (Schilderung der Nasenoperationen kommt später noch), und in verschiedenen anderen Varianten.

* * *

Im fortgeschrittenen Stadium des Mobbingprozesses waren Betriebsarzt und Betriebsrat einbezogen. Ich erinnere mich noch an die netten Fragen der Betriebskrankenschwestern, ob ich an früheren Arbeitsplätzen auch schon ähnliche Probleme gehabt hätte. Dieses war aber nicht der Fall.

Mehrfach habe ich versucht, intern die Stelle zu wechseln, was aber nicht geklappt hat. Mein Ansehen in der Personalabteilung war bereits lädiert. Für eine Stelle, auf die ich mich selbst beworben hatte, und für die ich mich eineinhalb Jahre hätte einarbeiten müssen, hätte ich mich um zwei Gehaltsstufen niedriger eingruppieren lassen müssen. Das habe ich abgelehnt.

Irgendwann hieß es dann, dass ich doch in der bisherigen Abteilung bleiben könne. Man würde es schon hinkriegen. Zu dem Zeitpunkt habe ich das geglaubt. Es klappte aber nicht.

Monate später, als ich abermals im Krankenstand war, kam mir die Einsicht, dass dieses Arbeitsverhältnis nicht mehr zu retten ist. Besser gesagt, es wurde mir klar, dass ich es aufgeben musste, um mein Leben zu erhalten.

* * *

Als ich schon über ein Jahr arbeitslos war, arbeiteten die seelischen Schmerzen wegen dieses Mobbings so stark in mir, dass ich wegen Suff und nervlicher Blanklage wieder in eine stationäre Alkohol-Entgiftung ging.

Zeitweise war ich nachts aufgewacht und hatte, weil ich dem inneren Druck nicht mehr standhalten konnte, gellend laut geschrien. Hatte wieder und wieder mit Fäusten auf das Laken eingedroschen, bis ich an den Fingerknöcheln offene Stellen hatte.

Nachdem ich während meiner ersten Entgiftungen sehr viel geweint hatte, habe ich mir dieses Mal – meinem inneren Druck
folgend – vieles von der Seele geschrieben. Saß auf der Kante
meines Klinikbettes, als Schreibunterlage diente dieses übliche
Rolltischchen. Derweil Tränen über mein Gesicht liefen, schrieb
ich wie eine Besessene, würgte die mit schmerzhaften Nägeln
gespickten Erinnerungen und weitere Seeleninhalte heraus.

Während des Schreibens versiegten meine Tränen meistens,
oftmals kamen sie aber durch die Erinnerungen wieder. Insgesamt hat mich das Niederschreiben sehr erleichtert, obwohl ich
damals nicht davon ausgegangen bin, dass ich es irgendjemandem zum Lesen geben würde.

Nachfolgend einige Auszüge aus den insgesamt 60 hand-
geschriebenen Seiten.

14.11.

*1. ….. heißt der Megachef, der mich letztendlich nie-
dergedrückt hat*
*2. ….. diejenige, die zwar Opfer war wie ich, aber sich
– gescheiter war sie nicht – megafies verhalten hat*
*3. ….. + ….. die mit den besonders üblen Frauen-
witzen*
*4. ….. diejenige, die mich gleichzeitig ausgebeutet +
bekämpft hat – wer beißt die Hand, die einen füttert
→ einer oder eine, die megadumm ist - andererseits
megaschlau, es auszunützen, was ich dumme Kuh mir
alles hab gefallen lassen → ich kann im Moment
nichts anderes sagen, als das, dass ich megadumm
war, mich megadumm verhalten habe*

*ich träume jetzt von Engeln, die mich umfassen, mich
trösten*

ich weiß, dass da ein liebender Gott ist, der oder die
mich umfasst und umfängt
mein Leben bleibt, so lange es vorgesehen ist
aber dass ich wieder träum vom Ausstieg aus meinem
Körper, diese Träume müssen nicht unbedingt oft
sein, lieber wär's mir mit meinem Einverständnis

15.11.

Zu viert waren wir in diesem Vorstandszimmer, das
zum Sekretariat umfunktioniert worden war – extra
für uns Sekretärinnen aus der zuvor anderen Abtei-
lung
-- schön unter Bewachung

….. hat darauf bestanden, neben mir zu sitzen, er als
Höherrangiger, und ich wiederholt und hartnäckig
nein gesagt – Kollegin ….. hat alles mitgekriegt, merkt
man ja hinterher, auch wenn darüber gesprochen
wird

Trotz meines Neins hat er sich einfach einen Stuhl
geholt und sich neben mich gesetzt – ich hatte – ge-
wollt – den Platz an der Wand – kann man das Zim-
mer überblicken – aber man ist auch eingesperrt,
wenn einer daneben steht – und da hat er sich hinge-
setzt – ich musste über seinen Stuhl drüber klettern –
körperliche Nähe ist ja das Problem – und bin – ob-
wohl er da saß – raus gegangen, habe mich also nicht
kleinkriegen lassen
Trotzdem fasse ich es nicht, was der sich da erlaubt
hat

Meine Seele muss jetzt alle diese Nägel ausspucken.
Dabei müssen diese Schrecknisse ja zwangsläufig
mein Gedächtnis wieder passieren. Ich habe Angst vor
dem Grauen.

Ich will weiterleben, weitergehen, ich gehe nicht, bevor ich mein Leben wieder im Positiven habe !!! Ich bleibe + ich werde wieder glücklich sein !! Das verspreche ich mir. Wenn ich geholt werde, will ich mit gutem Gewissen gelernt haben, weswegen ich hierher gekommen bin.

16.11.

Die Oberplage war dieses Übermaß an Sozialkontakten, die mir trotz heftiger Gegenwehr aufgezwungen wurden. Ohne Ende hat einen Jemand angelabert. Die letzten drei Minuten, in denen ich meine Ohren mal hätte abschalten können, haben die Ganoven mir ab erpresst. Und dann dieser Drill, ja das Telefon nicht zu lange läuten zu lassen. Jeder Militärgeneral wäre meinem Ex-Chef diesen harten Drill neidig gewesen. Und die Kolleginnen waren sowieso zu ignorant, um mal zusammen zu halten. Haben sich in naiver Einfältigkeit gegeneinander ausspielen lassen.
Kommt ein machthungriger Kollege oder Vorgesetzter ins Sekretariat: sein Ego wünscht sich unterwürfige Damen. Aber wenn's nicht geht, dann geht's eben nicht. Der Abgewiesene geht daraufhin zu einer anderen Teamassistentin, schmeichelt ihr: „Sie sind halt doch die Beste; haben Sie nicht auch manchmal das Gefühl, dass Ihre Kollegin mit der Arbeit Probleme hat?" Die Geschmeichelte bedient den Schmeichler dann bevorzugt, so hat der doch noch gekriegt, was er wollte. Welchen Preis wir Frauen dafür bezahlen mussten, war den Schweinen nicht nur egal, sie hatten sogar noch Freude an diesem perversen Spiel.

Auch ne ‚lustige' Nummer war die mit der Schreibmaschine. Die stand in unserem Zwei-Vollzeitpersonen-Zimmer; die meiste Zeit darauf geschrieben hat die Kollegin, die im angrenzenden (dem mittleren) Zimmer saß, als Einzige und nur halbtags. Zum Maschi-

neschreiben kam sie dann in unser Zimmer, und wir hatten den Lärm, derweil das mittlere Zimmer leer stand. Ich konnte den Lärm nicht mehr ertragen; nachmittags tippten ja Sachbearbeiter auf der Maschine, während das mittlere Zimmer leer stand. Ich hab durchgesetzt, dass die Maschine aus unserem Zimmer rauskommt; war aber die volle Drama-Nummer. Kollegin hat sich gewehrt als wie; andere Kollegin natürlich wieder einig mit ihr, wer hier die Böse ist (ich). Kollegin hat schließlich nachgegeben mit den Worten „... die Kindereien beenden".

Diese Kollegin war eigentlich klug, aber wo man ihrem Vormachtstreben Grenzen gesetzt hat, da war eben auch für sie der Spaß zu Ende.

Dabei war sie als Mobbingopfer meine Vorgängerin. Wegen ihrer hohen Krankheitsrate war ich ja angefordert worden. Die hat's mit den Nerven, wahrscheinlich kommt sie nicht mehr, hieß es.

Zu Beginn waren wir acht Sekretärinnen, später sechseinhalb, dann fünfeinhalb; die Arbeit wurde immer mehr. Frühdienst ab 8.00 h, Spätdienst nicht selten bis 18.30 h. Die Kolleginnen haben sich gedrückt; ich hab Buch geführt und es dem Oberchef gezeigt + und auch wiederholt mit den Kolleginnen gesprochen → geholfen hat es fast nichts. Oberchef hat interessiert dreingeschaut – ganz distinguiert der Mister Wichtig – hat gesagt, ich solle den Zettel mit dieser Info da lassen. Aber geholfen hat es nichts.

Die Drückebergerinnen haben sich oftmals vertretungsmäßig in die Vorstandssekretariate gemütlich hingepflanzt, auch wenn deren Anwesenheit dort gar nicht nötig gewesen wäre. Jeder ist halt sich selbst der Nächste. Das merkste doch, wenn die Kollegin alle Daumen lang anruft + nach Belanglosigkeiten frägt.

Eine der Schikanen des Oberchefs war es, zu vereiteln, dass auch ich eine Vorstandssekretariats-Vertretung bekomme. Ganz zu schweigen davon, dass ich zwar anspruchsvolle Statistiken machen musste (‚wollen' ist mir schnell vergangen), trotzdem aber mein akademischer Abschluss, was Entlohnung und Status anbelangt, völlig ignoriert worden ist.

Nicht ignoriert wurde meine Ausbildung, was die Ängste Anderer anlangte. „Frau Simondes, weil Sie diese Ausbildung haben, nehmen Sie zu viel wahr". Das kam von meinem indirekten Vorgesetzten. Kein Rückgrat hinter der Dandyfratze.

Auf jeden Fall immer weniger Sekretärinnen. Wenn dann noch eine in Urlaub oder auf Vertretung war, dezimierte sich die kleine Restschar rasant: krank, wie zufällig für hofrecht dann, wenn es viel zu tun gab. Ich musste mich immer schneller bewegen. Telefon, angelabert werden, bedienen, sich kümmern. Wie automatisch habe ich mich immer schneller bewegt, ohne es zu bemerken, aber immer öfter mehrere Stunden (ohne !!) auch nur eine Minute Pause. Flüge bestellen musste stets sofort erledigt werden (Platzreservierung). Dann hatte ich einen zu buchen, ich seh' den Auftrag von vor einer Stunde, vergessen im Sekundentakt, weil ohne Ende was anderes daherkommt. Greife zum Hörer, um das Ticket zu bestellen (das stets am ‚heißen' Platz neben dem Telefon lag) → halbe Stunde später greif ich wieder zum Hörer, weil ich vom Ticket schon wieder weggeholt worden war. Einmal habe ich den Oberchef angesprochen, dass ich körperlich Übelkeit verspüre wegen der Arbeitsüberlastung. Da hat er mich nur blöd angeblafft, dass er doch schon eine Azubi ins Sekretariat gesteckt hat und dass er sich schließlich keine Sekretärin aus dem Arm rausschneiden kann. Der königliche Herr Generaldirektor auf einmal ganz hilflos!!

Kann scheints nicht führen ohne Machtmissbrauch und Mobbing. Dann blasen wir wieder würdevoll Zigarillorauch in die Luft während des noch würdevolleren „Ja" (heißt, man darf ihn ansprechen).

*Einer der Direktoren hat ja diese fiese Meganummer abgefahren: ich sitze spätdienstmäßig im vorderen Zimmer, an der dortigen Schreibmaschine. Plötzlich bemerke ich, wie er sich zum Lesen seiner Post über mich lehnt. Dieses Thema war sowieso eine Never-Ending-Story, dass die Kerle so aufdringlich nah zu einer hingehen; habe mich endlos beschwert deswegen + auch dieses mal wieder gemeutert. Da ist er abgezogen + später zum Chef rein. Der holt mich kurz darauf zu sich. Der Direktor hätte ihm erzählt, ich hätte ihm nicht erlaubt, im Sekretariat zu warten, bis er zu ihm rein kann. Ich hab die Situation geschildert + gesagt, dass ich mich schon mehrfach gegen diese Aufdringlichkeiten beschwert hätte. Ich hab gesagt „warum macht er es trotzdem + immer wieder?" Als Antwort des Oberchefs dominantes Bellen: „Wer sich in meinem Sekretariat aufhält, bestimme ich! Ist das klar?" Ich hab gesagt „Ja, ist klar", habe meinen Krempel gepackt + mich ins zweite Zimmer gesetzt. Denn wer in meiner vertraulichen Nähe sein darf, das bestimme **ich**. Das ist auch klar !!*

17.11.

Mein nervlicher Zusammenbruch hat sich Monate vorher angekündigt: schlecht geschlafen, Zittern wegen Nerven fertig. Erschöpfung so, dass ich meine Arme kaum mehr heben konnte. Kommunikation bezüglich Wohnungssuche war an Denkleistung noch drin.

Dann der Freitagmorgen: erstmals seit der Beschäftigung in dieser Abteilung verschlafen, obwohl ich Frühdienst gehabt hätte, kam allerdings nur ca. 30

Minuten zu spät. Kam irgendwann ein Sachbearbeiter herein, spricht mich auf meine Konflikte an, ich bestätige, da explodiert die eine Kollegin, haut mit der Faust auf den Tisch + plärrt: „**Ich** bin diejenige, die angegriffen wird". Nach kurzem Streit gehe ich zu einem der Direktoren, um mich auszuweinen. Der sagt immer, ich solle zur Betriebskrankenschwester gehen, ich sei doch mit den Nerven sehr fertig. Der hat es mir angesehen. Ich habe es zu diesem Zeitpunkt noch nicht gemerkt, wie es um mich steht. Habe mich dann breitschlagen lassen + er hat mich hingebracht. Habe mich bei der Betriebskrankenschwester ausgeweint. Die hat mich nach ca. eineinhalb Stunden heimgeschickt. Als ich oben im Sekretariat war, um meine Sachen zu holen, ein Kolleginnen-Anpfiff, wo ich denn gewesen sei, das Sekretariat sei unbesetzt gewesen, + das ginge schließlich nicht. Als wäre ich die Einzige, die sich abzumelden hat, oder die schauen muss, ob im anderen Zimmer Jemand ist.

Auf jeden Fall frägt eine der Kolleginnen nach, ob ich denn am Montag käme, + ich im Brustton der Überzeugung: „Aber natürlich".

Montag früh stehe ich dann auf, um in die Firma zu gehen. Während ich da sitze (daheim) mit meiner Kaffeetasse, bemerke ich, dass meine Knie immer wieder zusammenschlagen. Unwillkürlich. Habe an meiner Seelenverfassung dann schon gemerkt, dass es keinen Zweck hat, in die Arbeit zu gehen. Habe mich in der Firma abgemeldet + bin zu meinem Hausarzt gegangen. Der ist einer der wenigen, der damals mir gegenüber wirkliches Einfühlungsvermögen und medizinisch-psychologisches Verständnis zeigte. Mein vorheriger Hausarzt hatte meine Wahrnehmungen der Kollegenschikanen als irreale Überzeugung hingestellt.

Mein neuer Hausarzt hat sich meine Hände hinstrecken lassen, um meinen Tremor zu diagnostizieren. Zum Schluss sagte er, er wisse nicht, ob eine Woche reichen würde, ich solle mich halt dann nochmals melden. Ich hab mir gedacht, da kennst du mich schlecht, natürlich gehe ich nächste Woche wieder in die Arbeit. Seit vier bis fünf Jahren hatte ich nicht einen einzigen Krankheitstag gehabt. Hatte ich eine Erkältung oder ähnliches, hab ich Urlaub beantragt und auch gekriegt, weil die Chefs ja auch keine Krankheitstage wollen.

An diesem Montagmittag bin ich dann vom Arzt heimgegangen, hab mich gemütlich auf die Couch gelegt + ein lustiges Video angeschaut.

Am nächsten Tag, Dienstagmorgen, ging es dann richtig los. Stand in der Früh auf, setzte Kaffee auf, ging ins Bad, dann wieder in die Küche. Sah, dass der Kaffee nicht richtig aufgesetzt war + wollte es nochmal machen. Als nächstes sehe ich, dass ich noch keinen Kaffee im Filter hatte (kam immer als erstes), sondern Kakaopulver in der Hand. Nächste Fehlschaltung meines Gehirns. Überhaupt. Immer wieder liefen salvenartig nervöse Zuckungen durch meinen Körper, vom Zwerchfell ausgehend. Die waren so heftig; Anmerkung: genau jetzt habe ich eine Hemmung, weiter zu schreiben, + meine Schrift kommt anders, krakeliger + kleinkarierter. Fassungslos macht mich noch heute, dass die mir das antun konnten, dass sie es wollten, es taten + vor allem: dass ich mich nicht dagegen habe wehren können. Diese Hilflosigkeit, das Grauen + den existenziellen (körperlichen + psychischen) Ruin auf sich zukommen zu sehen, langsam Stück für Stück es immer näher rücken zu sehen, + mehr + mehr zu lernen, dass man sich **nicht** dagegen schützen kann. Dass man sich dieses schreckliche Grauen antun lassen **muss**, konnte ich und kann ich bis heute nicht fassen. Schreiende Hilflosigkeit, Fassungslosigkeit, + **kein** Entrinnen. Man kriegt seinen Ruin mit offenen Augen mit und kann sich nicht dagegen wehren. Der Antrieb zu fliehen wird ständig ausgebremst.

Stoische Ruhe. Denn wenn man die Gedanken zulassen würde: Angst, dass es einem von deren Wucht das Hirn zerfetzt.
Fassungslosigkeit, Sprachlosigkeit, Hilflosigkeit. Jahrelang andressiert, die Klappe zu halten, sich zu fügen, keinen anzuschuldigen („sonst bist Du sofort und endgültig geliefert").

Wer sich mit Mobbing auskennt, weiß um die subversiven Drohungen. Eindeutig sind sie, aber vom Opfer nicht beweisbar. Täter kann sich immer rausreden, die Schuld auf das Opfer schieben („ist doch alles nur Einbildung", „will doch nur von ihren Fehlern ablenken", etc.) + sein infames Spiel immer weiter treiben. Rufmord, um die Gruppe gegen das Opfer aufzubringen. Dann kann man sich immer rausreden. „Die Anderen haben ja die Probleme mit ihr".

Auf jeden Fall waren meine nervösen Zuckungen so heftig, dass ich mich immer wieder an der Küchenanrichte aufstützen musste, sozusagen „abfangen", weil es mich so heftig nach vorne geschleudert hat. Die kleinsten Bewegungen haben diese salvenartigen Zuckungen ausgelöst. Ich habe dann schon bemerkt, dass es vor allem schnelle Bewegungen sind, die der Organismus nicht mehr toleriert. Weil ich am Arbeitsplatz so drangsaliert, erpresst + dressiert worden bin, dass ich mich automatisch immer schneller bewege; das konnte ich dann nicht auf Kommando abstellen.

Habe ich selbst jetzt, nach zweieinhalb Jahren, noch manchmal, dass mir ein Gegenstand richtig aus der Hand schießt. Dann weiß ich wieder: langsam Mädel, langsam.

Wollte an diesem Dienstagmittag dann die Arbeitsun-
fähigkeits-Bescheinigung losschicken. Sage mir also,
„so, jetzt gehst zum Tisch + schreibst die Kuverts".
Dann stehe ich an der Wohnzimmertür + denke mir
„Mensch, Du wolltest doch die Kuverts beschriften;
mach das jetzt". Mein Gehirn konnte den Befehl, zum
Tisch zu gehen, nicht mehr ausführen; auf- und ablaufen kam als Ersatz.
Saß dann gütigst am Tisch und denke mir irgendwann
wieder: „Mensch, wieso hast es jetzt immer noch
nicht gemacht?" Habe irgendwann begriffen, dass der
Bewegungsimpuls „Kugelschreiber nehmen" die Zuckungen auslöst + der Kugelschreiber mir dadurch
automatisch wieder aus der Hand fällt. Habe mir also
vorgenommen: Hand langsam nach vorne strecken,
Kugelschreiber nehmen + aufs Kuvert aufsetzen →
drauf lassen, bis die Zuckungen vorbei sind, dann
schreiben, usw. So hab ich's schließlich geschafft.

Nächstes Problem. Schuhe anziehen: jedesmal bü-
cken → erstmal Zuckungen zulassen, im gebückten
Zustand bleiben, damit ich dann weiterkomme. So
ging es schon; tagelang war es so schlimm.

Problem: Außer Haus möchte ich ja nicht auffällig
werden.
Also: langsam bewegen, sehr langsam!
Bücke ich mich im Supermarkt, am Regal festhalten,
usw.
→ Hat geklappt
1. Laufen, etc. führt einen Teil der überschüssigen
   Bewegungsenergie schon vorab ab.
2. Hatte immer wieder die eindeutige Erfahrung,
   dass eine innere Instanz blamable Erscheinungen
   nur zuhause zulässt → allerdings nicht in jedem
   Fall: musste seit Beginn dieses hässlichen Mobbings schon diverse Schamgrenzen aufgeben. Ein
   Gefühl, das weh tut, aber nicht weggemacht wer-

den kann, gibt der Organismus irgendwann auf.
Frage: wohin geht das Gefühl? Auf immer verges-
sen, davon kann ich wohl nicht ausgehen.

Eine gefallene Schamgrenze z. B.: nervöses Zucken
betraf auch manchmal die Lunge, die durch das
Zwerchfell automatisch mit bewegt wurde; dabei wur-
de manchmal Luft durch die Lunge unkontrolliert nach
draußen gestoßen, was einen Laut ähnlich wie bellen
verursachte. Dieses passierte mir manchmal auch am
Arbeitsplatz; einmal dachte ich, dass die Kollegin im
Nebenzimmer es wahrscheinlich gehört hat. Als ich
darüber sprach, meinte sie, habe nichts gehört. Ant-
wort war für sie ökonomisch (schwieriges Gespräch
ersparen) + für mich ganz ok. Aber man vergisst ja
nicht, dass man so blamable Verhaltensweisen nicht
verhindern kann.

Verstärkt nicht gerade das Gefühl von sozialer Sicher-
heit. Ich wurde z. B. auch dadurch verunsichert, dass
ich so massiv als unzulänglich angeschaut wurde –
auch die Manipulation meiner Arbeitsergebnisse er-
folgte so versteckt, dass ich mir oftmals selbst nicht
mehr sicher war, was wirklich ein Anderer verbockt
hat + was nicht. Ich habe ja auch Erfahrungen, was
für Fehler für mich typisch sind, und was für welche
nicht, zum Beispiel, weil ich mir funktionierende Ge-
genmaßnahmen antrainiert habe.

Andererseits sind mir durch den extremen Stress, der
durch das Mobbing ausgelöst wurde, eher Fehler un-
terlaufen. Die wurden dann aufgebauscht + als Be-
weis meiner Unzulänglichkeit verwendet.

*

Eine gewisse soziale Unsicherheit hatte ich früher
schon. Pflegte zwar rege Freundschaften, wusste aber
oftmals nicht, wohin mit meinem Blick. Als ich be-

merkte, dass ich einerseits oft unterwürfig schaue und andererseits teilweise Menschen direkt anstarre, hab ich mir vorgenommen, mehr auf mein Blickverhalten zu achten. Es war nicht einfach, dieses unbewusst funktionierende Verhaltenssystem durch ein bewusstes zu ersetzen. Bin aber zu einem ganz praktikablen Kompromiss gekommen.

Der hat funktioniert, bis das Mobbing in dieser Firma härtere Formen annahm.

Lieblingsmethode einiger Machtwollender: haben mir oftmals in die Augen gestiert, viele viele Sekunden lang + gleich wieder weiter damit + noch mehr + noch mehr, in dem Ansinnen, es durch Unterwürfigkeitsverhalten meinerseits bestätigt zu kriegen, dass sie mich dominieren.

Was sie von mir gewollt hätten:
- Augen niederschlagen
- **+ unten lassen !!!!**
- geforderte Arbeiten erledigen, sofort + gut
- Signale, dass ich sie supertoll finde, zig mal toller als den Herrn Oberdirektor (den fanden sie dann toll, wenn sie ihn gegen mich einsetzen konnten)
- Bestätigung, dass ich mich **jederzeit** freue, wenn sie kommen
- sich darauf verlassen können, dass sie **stets** von mir bevorzugt bedient werden.

Problem: fünfeinhalb Sekretärinnen (je weniger, desto schwieriger wurde es) können 30 - 40 Leute **nicht** nach **deren** persönlichen Wünschen bedienen.

Weiteres Problem: ich Widerspenstige bin der Meinung, dass mich mein Arbeitsverhältnis nur zu korrekter Arbeitserledigung, respektvoll-freundlicher Kooperation, usw. verpflichtet, nicht aber dazu, mich ge-

genüber jedem, dem es gerade passt, persönlich unterwürfig zu fühlen.

Auf jeden Fall war es für mich oft schwierig, mich zu
behaupten. Wie man eine solche Blickattacke abwehren kann, indem man die Augen senkt, aber keine
weiteren Unterwürfigkeits-Signale zeigt, habe ich in
dieser Zeit gelernt. Der Angreifer merkt dann: seine
Methode greift nicht → macht ihn erstmal hilflos.
In diesen Situationen fühlte ich mich oftmals gefangen wie ein Tier. Wusste nicht, wohin mit meinen
Augen, was zu sagen, wie diese Situation so zu überstehen, dass die mir nichts anhaben konnten + meine
Seele trotzdem ihre Wünsche nach Würde behauptet
hat. Hinschauen, wegschauen, etc. funktioniert zu
großen Teilen unbewusst. Von diesen Blickattacken,
denen ich alltagsmäßig standhalten wollte, habe ich
schier krampfähnliche Schmerzen in der Augenmus-
kulatur bekommen. Nicht, wo die Lider sind, sondern
die Muskeln, die Stellung und Weite der Pupillen + Iris
regulieren.

Zusätzlich haben mich diese Kämpfe weiter im Sozial-
verhalten verunsichert. In vielen eigentlich harmlosen
Unterhaltungen mit Kollegen wusste ich nicht mehr,
wohin zu schauen. Meine Augen bewegten sich gehetzt, schaute da hin, schaute dort hin, nur eines ge-
währte mir mein Verhalten nicht mehr: in Gesprächen
am Arbeitsplatz nicht ständig darüber nachdenken zu
müssen, was meine Augen gerade machen (das wäre
das Übliche).

Keine Frage, dass genau diese meine Verunsicherung
Gesprächsthema wurde, als Ursache der Konflikte bezeichnet und nicht als deren Folge gesehen wurde.

Kam die schwierige Kollegin eines Vormittags super-
freundlich die Treppe herunter, um sich mit mir über
Wetter + Wohlbefinden zu unterhalten, stierte mir

dabei aber ohne Unterbrechung in die Augen. Hätte ich daraufhin kontinuierlich Unterwürfigkeit erkennen lassen, wäre sie wohl zufrieden gewesen. Ich aber habe meine Augen gesenkt, mich nicht auf das Dominanzduell eingelassen, sondern – bewusst – darüber nachgedacht, was ich am Abend essen würde, + genauso super-freundlich wie sie über das Wetter gesprochen. Dass sie mit ihrer Dominanzattacke nicht durchgekommen ist, sah man ihrem frustrierten Gesichtsausdruck in den darauf folgenden Stunden an.

Kamen zwei Kolleginnen nach dem Mittagessen zurück, erleichtert, + haben mir erzählt, sie hätten sich gut mit einem der Sachbearbeiter unterhalten. Nochmal kurz darauf lässt ein anderer Sachbearbeiter in einem Gespräch mit mir die Bemerkung fallen, man wisse ja, dass meine Kolleginnen darunter zu leiden hätten, angestarrt zu werden.

Ganz, ganz typisch: in dem von den Kolleginnen geschilderten Konflikt wurde ich offenbar als die Täterin dargestellt; dies muss sogleich mit Anderen geteilt werden. Die Bemerkung, mit der ich es erfahre, ist so unkonkret, dass ich mich nicht wehren kann. Sagte ich etwa, ich mach sowas gar nicht, hätte ich (aus leidvoller Erfahrung gelernt) die Antwort bekommen, dass man dies auch nicht behauptet hätte.
„Wieso haben Sie das auf sich bezogen?" Fiese Ratten! Täter **tun**, ohne sich gleichzeitig angreifbar zu machen. Ich habe gelernt, dass ich mich gegen die Schikanen nicht wehren kann. Alles, was schief lief, wurde meinem Fehlverhalten zugerechnet. Schuldigkeiten wurden nicht nur hin- und her geschoben, sondern wie verhext blieb die Schuld stets an mir hängen.

Dieses ständige angeschuldigt werden tut weh. Gespräche mit Kollegen werden zur Tortur: vielsagende Blicke unter den Eingeweihten; Witze, über die die

Gruppe brüllt vor Lachen, die jeder versteht, nur ich nicht. Die Arbeitsstunden sind schon die Hölle, die heiß begehrte Mittagspause wollte ich nur noch alleine sein. „Kein Wunder, dass sie Probleme hat, wenn sie sich ständig ausgrenzt" hieß es dann. Eine Folge der Schikanen wird als Ursache der Probleme betrachtet → als eine Ursache, die angeblich schon vorher da war; Schikanen erkennen die Täter ja nicht als solche.

Als ich in der Personalabteilung zu einem Personal-entwicklungs-Gespräch war, um das ich gebeten hatte (ohne auf die Probleme in der Abteilung hinzuweisen), bekam ich den nachhaltigen Ratschlag, viel Networking zu betreiben, mit Kollegen zum Essen zu gehen, usw.
Aber das war bei mir nicht mehr drin. Und wie bewirbt man sich um eine andere Stelle, wenn man zum Vorstellungsgespräch wie das Flatter-Nerverl daher kommt?

∗

*Eine Bedingung, die die Situationen für mich so unausweichlich gemacht hat, war, dass das Sekretariat stets besetzt sein musste. Einer Konfliktsituation zu entgehen, indem ich einfach aus dem Zimmer ging, war nicht möglich, wenn ich gerade alleine war. Klar wie Kloßbrühe, dass die speziellen Schikanierer genau dann kamen, wenn ich alleine war. Dann fuhren sie ihre hässlichen Machtnummern ab. Wehrte ich mich, dann beschwerten sie sich beim Oberchef über mich. Hatte ich auch bald gelernt, dass der **stets** zu den Höherrangigen half + mich in der Regel in deren Gegenwart niedermachte + zum Gehorsam nötigte. „Sie erledigen diese Arbeit sofort, + die andere eilige Sache haben Sie auch um 15 Uhr fertig." „… Können Sie denn nicht mal eine Liste machen?" „…. Ist das jetzt klar? …"*

Nach solchen Auftritten saß ich meistens weinend an meinem Platz + hab die zusätzlich geforderten Arbeiten erledigt.

Solche Begebnisse waren auf doppelte Weise massiv belastend:
a) *die erdrückende Erniedrigung + die Erfahrung, dass ich solchen Situationen nicht entkommen konnte; dass ich der Willkür anderer hilflos ausgeliefert war*
b) *die zusätzliche, immer schlimmer werdende Arbeitsbelastung, durch die ich gezwungen wurde, immer schneller zu arbeiten.*

*

Begonnen haben die Konflikte schon wenige Wochen, nachdem ich in dieser Firma angefangen hatte. Etwa eineinhalb Jahre später war ich vier Wochen wegen Depression krank geschrieben. Danach schluckte ich (anders hätte ich nicht mehr gekonnt) Psychopharmaka der Stärke, dass mir alles nur noch egal war.

Als ich danach wieder in die Firma kam, erfuhr ich, dass der Unternehmensbereich, in dem sich alles abgespielt hatte, aufgelöst wird. Mein erster Gedanke, eher Gefühl: Schadenfreude."Endlich kriegt diese Monsterparty mal so einen richtigen Kracher auf den Deckel."

In diesem Sommer wurde der Geschäftsbereich dem Vorstands-Sekretariatspool zugeordnet. ‚Nette' zwei Jahre folgten.

Zum Zeitpunkt der Umstrukturierung hatte ich noch keine andere Einsicht als die, dass die schwierige, (die zuckerkranke) Kollegin mein Hauptproblem war. Später hatte ich gelernt, dass diese, trotzdem sie sich extrem heikel verhielt, nicht die Hauptverursacherin des Mobbings war. Die Direktoren, angefangen mit

dem Hauptabteilungsdirektor, gefolgt von den Abtei-
lungsdirektoren, waren es, deren führungsmäßige,
insbesondere aber menschliche Inkompetenz so un-
endlich viel Leid verursacht hat. Später dann, ein
Haupt-abteilungsdirekor mit zusätzlichem Sondertitel.
Um diesen begehrten Titel zu erringen, brauchte er
unsere Arbeitsgruppe. Eine Unternehmensberatung,
die später hinzugezogen worden war, sprach irgendwann aus, dass die Kombination aus Stabs- und Lini-
enfunktionen in einer Hauptabteilung problematisch
ist.

Einige der Sachbearbeiter spielten in diesem Mobbingprozess auch keine rühmliche Rolle.

Auf jeden Fall gab's nach der organisatorischen Umstrukturierung einen weiteren Direktor im Team mit
Sonderaufgaben. Der war beim Oberchef hoch ange-
schrieben; ich hatte aber bei ihm einen „Stein im
Brett", was mir erhebliche Vorteile verschaffte, insbesondere hat mich der regelmäßige Austausch mit ihm
einiges klarer sehen lassen.

Im Laufe dieses Jahres, als er in der Gruppe war, gab
es zwar aufgrund der mobbingtypischen Intrigen auch
Zeiten, die ich nur noch mit Betablockern überstand,
weil ich schier aufgefressen wurde von der Angst,
dass mir auch dieser für mich wichtige Sozialkontakt
wieder gekappt werden könnte.
Dieser Sonderdirektor war aber letztlich doch stärker
als diese infamen Machenschaften. Bzw. hatte ich inzwischen auch mehr Möglichkeiten, mich zu wehren.
Verhindert hat das allerdings meinen Nervenzusammenbruch + den darauf folgenden Arbeitsplatzverlust
nicht.

*

Schönes Kapitel waren auch die diversen Frauenwitze in der Abteilung. Überlicherweise hatten diese Witze solche Inhalte, dass die schwierige Kollegin und deren "Handlangerin" schier am Boden lagen vor Lachen, ich mich aber verunglimpft fühlte. Und sprachlos! Versuchte halt, mir nichts anmerken zu lassen.

Vor Zeugen stellte ich einen der Frauenwitze-Erzähler zur Rede und erklärte ihm, dass mich diese Witze stören. Einerseits hat er da die Nummer vom verständnisvollen Gesprächspartner abgefahren, andererseits diverse Gegenargumente gebracht. Zum Schluss ging er zur Tür, drehte sich aber nochmal um, um mir abschließend zu sagen: „Sie wissen ja, Frau Simondes, in jedem Witz steckt ein Körnchen Wahrheit".

Sagte er mir vor den Augen meiner Kontrahentin.

*Für einige der Sachbearbeiter und Direktoren war das Sekretariat eine Art Bühne, um sich selbst darzustellen bzw. um Gespräche + soziale Interaktionen **so** zu inszenieren, dass sie eben haargenau **deren** Geschmack entsprachen. Sie waren ja uns gegenüber weisungsbefugt (oder dachten das zumindest), und auf dieser Basis, bzw. unter Missbrauch dieser Situation haben die uns Frauen gegenüber die Sau raus gelassen.*

Kommt einer der Sachbearbeiter ins Sekretariat herein (das ja mit Frauen besetzt ist) und legt unaufgefordert los: „Was ist der Unterschied zwischen einer Frau und einem Geschwür? Ein Geschwür kann auch gutartig sein".
Ich sage jetzt nichts mehr dazu.

Ein anderer Sachbearbeiter hat irgendwann mal die Bemerkung losgelassen, dass es unter Frauen halt ständig Streit gäbe.

Ehrlich gesagt geht mir sowieso der Hut hoch, wenn ich daran denke, wie sehr auch heutzutage noch Frauen in niedrige Positionen fast hineingezwungen werden.

Bei der Azubi, die nach mir bzw. in der Phase meines Abschieds für meinen Sachbearbeitungsbereich mit zuständig wurde, wurde betont, dass sie offiziell dem Sekretariat angehöre. Bedeutet: sie kann jederzeit für Sekretariatsarbeiten, also für niedrigere Tätigkeiten als die Sachbearbeitung, herangezogen werden. Bei mir hat sich ja gerade diese Doppelrolle als besonders konflikttreibend erwiesen. Aber die blieb nicht lange in dieser Situation.

18.11.

An besagtem Freitag also mein erster Nervenzusammenbruch. Ca. sechs Wochen später ging ich gesund geschrieben wieder in die Arbeit. Konflikte wie üblich.

Tag darauf, Dienstag früh, wie so oft wieder aufs Klo gerannt und mich dort ausgeheult. Früher, wenn die Kolleginnen mich dann mit verheulten Augen gesehen haben, konnte ich in deren Augen Schadenfreude, Überlegenheitsgefühl + Genugtuung erkennen.

An diesem Dienstag kam ich mit rotgeheulten + verquollenen Augen wieder ins Büro zurück. Anders als sonst stand ich dann an einen Türrahmen gelehnt, heulte weiter, derweil wieder diese Zwerchfellzuckungen kamen, die mich so ungefähr bei jedem Wort nach vorne beugten + wegen derer ich mich am Türrahmen festhielt. Tränen rannen nur noch. Kollegin sagte, ich solle zum Betriebsarzt gehen, ob sie mitgehen solle. Ich glaube, ich bin allein hingegangen. Dann saß ich (evtl. eine Stunde oder so) im betriebsärztlichen Zentrum. Der Arzt schaute immer wieder

nach mir, die Krankenschwestern waren abwechselnd
da + haben meinen tränenreichen Ausführungen zu-
gehört, während derer die Zwerchfellzuckungen unvermindert weitergingen. „Nervenzusammenbruch"
sagte eine der beiden. Diese heftigen Zuckungen hatte ich noch viele Wochen lang, besonders, wenn ich
mit Therapeutin oder Nervenarzt geredet und meinen
Kummer erzählt hab.

Als ich zur Therapeutin irgendwann mal gesagt hab,
ich fühle mich, als würden Kräfte von der Stärke eines
Tornados durch mich hindurch fegen, nickte sie bestä-
tigend.

Ich hab es immer wieder so empfunden, als wäre
mein Nervensystem an diesem Arbeitsplatz geröstet
worden. Nervenfunktionen sind heißgelaufen (so stark
angetrieben worden) + kollabiert. Mich auf einen Stecken gespießt und über dem heißen Feuer gegrillt.
Wie einen Ochsen auf dem Oktoberfest. Nur viel
langwieriger + grausamer. Oder wie der Graf, der
seine Feinde bei lebendigem Leibe gepfählt hat, und
der später Vorbild wurde für Vampir-Horror-
Geschichten.
Ich muss immer an die Szene in einem Film über ein
außerirdisches Monster denken, als die Hauptakteurin
gegen Ende des Films mit dem Monster alleine war +
vor Angst Laute von sich gegeben hat, um sich zu beruhigen + sich Mut zu machen. Sich selbst wahrzunehmen, beruhigt. Sich nicht mehr wahrnehmen zu
können, löst Angst aus.

An diesem Dienstagvormittag fragten mich die Betriebskrankenschwestern, ob ich alleine die Straße
überqueren könne, um zu meinem Hausarzt (den sie
mir empfohlen hatten) zu gehen; ich sagte ja + ging
dann zu ihm. Erneute Krankschreibung, auch durch
den Nervenarzt, für weitere ca. sechs Wochen.

Mein Antrieb, etwas zu tun, in dieser Zeit gegen Null. Essen, Bad gehen, liegen, fernsehen, Lebensmittel einkaufen, liegen, fernsehen, usw.

Antrieb, wenigstens meine Fingernägel zu kürzen, kam nach etwa drei Wochen wieder. Lieblingsbeschäftigung ‚Modemagazine anzuschauen' nochmal einige Wochen später.

Gedankenspiralen bis zum Aufblasen + in die Luft gehen wie eine Rakete, bis zum Kopf zerplatzen. Musste mir konsequenten Gedankenstop verordnen in dieser Zeit; weiß nicht, was sonst mit mir passiert wäre. Es gibt ja diesen Spruch „Das hat mich wahnsinnig gemacht". Oder „Es hätte mich fast um den Verstand gebracht". Mein Nervensystem fühlte sich an wie geröstet. Ich weiß zu gut, wie sich ein heiß gelaufenes Hirn anfühlt.

Ich war definitiv an den Grenzen meiner Kräfte angelangt.

In den Gesprächen mit den Betriebskrankenschwestern + Betriebsräten erfuhr ich, dass es anderswo im Hause ähnliche Probleme gab, + dass mein Chef als Mobber bekannt war.

Jedenfalls ging ich an diesem Dienstagmittag heim. Am Tag darauf erfuhr ich aus den Medien, dass in einem anderen Land ein Krieg begonnen hatte. Sah in diesen Wochen im Fernsehen so grausame Schicksale, dass ich mein Unglück nochmal relativiert habe.

Fassungslos über mein Geschick war ich; hatte mir Gedankenstop verordnet. Hoffnungslose Verzweiflung hatte ich **keineswegs**. Habe im Gegenteil positive + vor allem zuversichtliche Zukunftspläne geschmiedet in dieser Zeit.

Danach dauerte es ein halbes/dreiviertel Jahr, während dessen ich aufgrund weiter anhaltender Schikanen mehr krank als gesund war, bis sich bei mir seelische Zermürbung + weitere Symptome einstellten. Dann die Einsicht, dass eine Aufgabe des Arbeitsplatzes unvermeidlich ist. Versuche, intern auf einen anderen Platz zu wechseln, schlugen fehl, auch weil ich nicht bereit war, mich zwei Gehaltsstufen niedriger eingruppieren zu lassen. Ich glaube ohnehin, dass mein Chef da seine Finger mit im Spiel hatte, denn wäre es mir in einer anderen Abteilung gut gegangen, hätte dies ein (weiteres) schlechtes Licht auf ihn geworfen. Es so hinzubiegen, dass ich das Unternehmen ganz verlasse, war der Akt der Schuldzuweisung an mich.

Nach den Nervenzusammenbrüchen konnte ich – vollgepumpt mit Psychopharmaka – zumeist mit fröhlicher Musik + im Zimmer auf- und abgehen meine Laune wieder stabilisieren.

Eine Ausnahme war der Tag, an dem ich mir in Panik das Leben nehmen wollte. Nach dem viertägigen Klinikaufenthalt wurde ich jedoch mit der Diagnose „**nicht** suizidal" entlassen. So sehe ich meinen Zustand bis heute, auch wenn es da noch Ausreißer gab.

Dieses, mir gute Laune verschaffen durch auf- und abgehen, usw., war zu oft nötig. Einige Monate später dann erste Herzbeschwerden. Der anhaltende Adrenalin-Dauerbeschuss am Arbeitsplatz war ja strapaziös für das Herz. Mir Erleichterung vom Seelendruck zu verschaffen durch auf- und abgehen ging wegen Herzbeschwerden nicht mehr. Hatte ich meine Selbstmordwünsche wieder in Lebenswünsche umgepolt, so kam jetzt mit diesen Herzbeschwerden eine von mir ungewollte, erneute (gefühlte) Bedrohung meines Lebens. An einem der Tage fuhr ich wegen akuter Herzbeschwerden in die Notaufnahme einer

der städtischen Kliniken und wurde nach Kurzdiagnostik dort an den anderen Wartenden vorbei sofort aufgenommen und intensiv betreut. Allerdings wurde ich
am gleichen Tag wieder entlassen mit dem Untersu-
chungsergebnis „kein Hinweis auf eine ernsthafte
Herz-Lungen-Erkrankung".
Ca. zwei Wochen später wieder Notarzt + stunden-
weiser Klinikaufenthalt wegen verdorbenen Magens.

Trotzdem haben vorgestern die Aussagen einer Mit-
Patientin, dass sie sterben wolle, offensichtlich in
meinem Unbewussten die Alarmglocken derart schrillen lassen, dass ich die Fassung verloren habe + die
Frau hartnäckig bekehren wollte. Ich habe fast die
ganze Nacht gegrübelt, um herauszufinden, warum
ich derart außer mich geraten war. Am Tag meiner
Aufnahme zur Entgiftung hatte ich in mein Tagebuch
geschrieben, dass + warum ich weiterleben möchte.
Scheints wollte ich aus Schutzgründen einen massiven Riegel vorschieben, damit diese destruktiven Botschaften mein Inneres nicht erreichen. Der Frau habe
ich stellvertretend gesagt, was ich mir selbst einbläu-
en wollte; offensichtlich aus Angst, ich könnte in akuter Panik doch nochmal eine Kurzschlussreaktion haben.

*

Ich glaube an ein Leben nach dem Tod. Ich glaube,
dass ich, wenn ich durch Selbstmord ins Jenseits
kommen sollte (also zu früh), dort sehr unglücklich
wäre + dieses erst wieder ausmerzen könnte durch
eine erneute bzw. baldigere Wiedergeburt.
Wenn ich jetzt durchhalte, habe ich meine Probleme
unter Garantie schneller gelöst. Selbstmord ist ein
hochgradig unsozialer Akt. Genau den Menschen, die
mich lieben, würde ich damit schlimmste lebenslange,
sehr schmerzhafte seelische Verletzungen zufügen.

Denen, die mir meine Verwundungen beigebracht haben, würde ein Freitod meinerseits nicht oder kaum wehtun. 1. Manche erfahren es nicht. 2. Wer es erfährt, verdrängt eigene Schuldigkeit, genauso wie sie die Grausamkeit ihrer Mobbingtaten verdrängt haben. Die Schweine tanzen ungeniert + lebensfroh + ignorant weiter, derweil mein Körper unter der Erde verrottet und die Meinigen lebenslange Schmerzen ertragen müssten?
Soweit kommt es **nicht** !!!"
Die Schweine tanzen, und die Liebenden trauern. So nicht !!!!

19.11.

Man spürt, wie Leute an einen denken, auch wenn sie nicht anwesend sind.

Im ersten Durchgang bin ich dieser Mobbingdynamik, was die mit einem macht, voll auf den Leim gegangen. Habe mich wie ein unwürdiges Nichts gefühlt. Asexuell, fehlerhaft, nicht wert, freundlich mit mir umzugehen.
Der zweite Durchgang konnte mein Selbstwertgefühl nicht mehr angreifen. Da wurde halt diese aufmüpfige Kollegin, die widerlicherweise nach jedem noch so schlimmen Desaster von selbst wieder aufsteht, derart in die Zarge genommen + auf sie drauf gehämmert, dass ihr nach Übergewicht, Haarausfall, Pickel rund um Augen + Mund, usw. usw., schließlich das Nervensystem explodiert ist.

Ich stelle mir vor, wie ein Mensch unter Stromeinfluss klappert + vibriert, seine Aura um ihn herum vibriert ebenfalls, Strahlen von gelb, orange, rot, violett, Blitze schießen davon. Ist heftig, so ungefähr kurz vor einer Explosion wie ein Weltall-Knall. Das Ganze aufgebaut, dann wochenlang Hochphase wie eben be-

schrieben. Das ist mein Bild von meinem Nervenzusammenbruch. Geht nicht von einem Tag auf den anderen weg. In dieser Nerverl-Desaster-Phase soll man
dann sein Leben wieder aufbauen.
Vereinzelte Blitze schießen jetzt noch. Ministress
reicht schon aus, um Knie wieder zusammenschlagen
zu lassen.
Tränen sitzen dicht hinterm Vorhang, wenn ich an
manche Situationen denke.

Was an Nervenzusammenbrüchen kam, ist die Spitze
des Eisberges, der endlich sichtbar wurde.

Empfinde es jetzt so, dass ich auf dieser Spitze sitze
+ lebe + vor der Aufgabe stehe, den gesamten Eis-
berg zu liften, abzutragen.
Schreiben, um weinen endlich zu entlasten.
Erzählen. Denken. Träumen. Empfinden.
Meine Ausdruckskanäle.
Großer Berg, der durch diese Nadelöhre rausgetragen
werden muss.

+ Ich habe Angst vor dem Schmerz, den diese Erin-
nerungen mir wieder bringen.
Trost: durch dieses Rauslassen wird der Berg kleiner
und kleiner.
+ Ich werde reifer sein.
Reifer in meiner Persönlichkeit und für mein Leben.

Erfüllung der Aufgaben, wegen derer meine Seele dieses Leben aufgesucht hat !!

*

Der Eber wenn zur Sau geht, bläst er ihr seinen Atem
ins Gesicht, weil die darin enthaltenen Pheromone bei
der Sau die „Duldungsstarre" auslösen.

Manche Zeiten waren so schlimm, dass ich allein durch das Öffnen der Sekretariatstür Adrenalinstöße bekommen habe. „Was kommt jetzt wieder auf mich zu (gegen das ich mich nicht wehren kann)!"

Wie freundlich lächelnd, einen Augenausdruck wie der Geier, der von seiner Mami (= Weisungsbefugnis, verliehen von der Firma) das heiß begehrte Futter (= Machtbestätigung) bekommt. Futter, das die dürstende Seele labt. Ohne Belohnungsaussicht setzt sich keiner einer Strapaze aus.

Die Vorfreude steht ihnen ins Gesicht geschrieben, wenn sie auf einen zugehen, sich beschönigend kleinmachend.
„Gell, Frau Simondes, aber sonst ist doch alles ok, oder?" ...
„Ja, niemand von uns hat's leicht hier." ...
„Was sein muss, muss sein." (Als würde das Schaf gerade zur Schlachtbank geführt.)
„Aber sonst ist doch alles ok hier"
Das Fragezeichen in der Intonation wird durch das suggestive Kopfnicken als Manipulationsversuch entlarvt.

Körpersprache der Möchtegerns kann man woanders nachlesen. Steht also – wie üblich – näher, als er muss. Weggehen hilft nix, weil er immer nachkommt, und irgendwann werde ich durch den Schreibtisch ausgebremst.
Ich würge insgeheim, weil der Atem eines Widerlings im eigenen Mund zum kotzen ist.

Tausendmal ausatmen, den Atem hinaus stoßen, nachdem der Kerl wieder draußen ist, macht diesen Ekel-Geschmack im Mund nicht wieder weg.
Heilt nicht die Seelenverletzung, die dieses Erdulden müssen wieder erpresst hat.

*

*Weil ich auf einer der höheren Etagen gearbeitet ha-
be, hab ich zumindest einige Beispiele dafür erlebt,
wofür die Gelder verbraucht werden, die man den Mit-
arbeitern ab erpresst, indem man sie ausbeutet. Mehr
+ mehr Arbeitsstress durch Personaleinsparungen.
Mobbing. Will man intern die Stelle wechseln, um sein
Leben zu retten, sagt der Betriebsrat „Lieber weniger
Gehalt akzeptieren und dafür wieder seinen Frieden
haben."*

*Beziehungspflege. Direktor im Sekretariat: „Wenn
eine von Euch etwas Zeit hat, bitte melden, ich hab
einen Job." Dann ist's soweit: Direktor holt den Safe-
schlüssel, holt aus dem Safe einen Packen Kleinode,
jedes in Plastik gehüllt, jedes ca. EUR 150 wert. Zählt
geflissentlich, was er aushändigt. „Besorgen Sie sich
Geschenkpapier + verpacken sie die einzeln." Für
großes Abendessen mit erwünschten Geschäftspart-
nern: neben seinem Teller findet jeder Gast ein kleines Willkommenspräsent.
Ich sage jetzt nichts mehr dazu.*

*

*„Simon? Ach, die Frau Simondes !!" [in struktureller
Analogie übertragen von meinem wirklichen in meinen
Künstlernamen]
Als ich eines Abends in der vollbesetzten U-Bahn von
der Arbeit heimfahre, höre ich laut + deutlich diese
Worte. Drehe mich um + schaue, wer das gesagt hat.
Sehe in dieser Richtung ein paar mir unbekannte jun-
ge Leute, die sich angeregt + fröhlich unterhalten.
Höre hin, aber weiter auffälliges höre ich nicht.*

*Steige in der Nähe meiner Wohnung an der für mich
üblichen Haltestelle aus, gehe dort in den Supermarkt, um Lebensmittel zu kaufen. Stehe über die*

Salattruhe gebeugt, als sich mir Jemand von hinten nähert. Ich denke nichts anderes, als dass der- oder diejenige auch Salat kaufen will; drehe mich um, um denjenigen anzuschauen + sehe, wie ein Mann, als er sieht, dass ich ihn anschaue, schnell wie der Blitz zurück läuft, über das Drehkreuz klettert und abhaut. Dabei dreht er sein Gesicht auffällig stark zur Seite, so dass ich es kaum erkennen konnte. Diese Flucht lief so schnell, so richtig „Abhauen, sich nicht erwischen + nicht erkennen lassen".

Ist mir dann schon schwer gefallen, diese zwei Ereignisse am selben Tag noch für Zufall zu halten. Versuchte trotzdem, mich zu beruhigen: „bestimmt nur Zufall; hat nichts mit mir zu tun", etc.

Am nächsten morgen wieder krank gemeldet wegen Nerven fertig. Als ich im Lauf des Vormittags einkaufen gehen wollte, bemerkte ich, dass ich Angst hatte, die Wohnung zu verlassen. Könnte ja doch sein, dass mein Chef mich, die Zeugin seiner Unzulänglichkeiten, auf eine nochmal andere Weise einschüchtern will. Oft genug beschwert habe ich mich ja. Habe sofort eine (die zweite) Abmahnung an Oberchef geschrieben + noch am selben Tag zur Post gebracht. Kopie an meinen Anwalt. So nach dem Motto „wenn mir was passiert, gerätst Du ins Visier".

Aufgrund weiterer Ereignisse und nach wiederholter Rücksprache mit meinem Anwalt entschied ich mich dafür, den Arbeitsplatz kampflos aufzugeben.

25.11.

Tränen laufen heiß über mein Gesicht. Ich weine laut, kann es nicht mehr beherrschen. Ich japse und gebe sonstige Laute von mir. Am Arbeitsplatz sollte einem sowas nicht passieren. Aber mein Seelenzustand nach der Besprechung mit dem Chef ist katastrophal. Kommt schon mal vor, dass eine Kollegin kommt, um zu fragen, was denn sei, aber irgendwie haben die sich auch daran gewöhnt. So sitze ich da und versuche, unter meinem Tränenvorhang den PC-Monitor zu sehen, um die Arbeit zu erledigen, die nicht meine ist, die mir aber – wie so oft – mit brutaler seelischer Gewalt wieder aufgenötigt worden ist. Der Sachbearbeiter mit seinen Spielchen, der Oberchef, der stets zu den anderen hilft: gemeinsam hat man die Simondes wieder nieder gekriegt. Gemeinsam sind wir stark !!

Schweine.
Schwächlinge.

Wollte es eigentlich kleinweis erzählen, was da wieder gelaufen ist, Sachbearbeiter zu mir, danach zum Oberchef, dann muss ich zum Oberchef und werde wieder vor Zeugen fertig gemacht. Statistiken. Der Datenbank-„Experte", der Arbeiten an sich reißt, weil er sich ja so gut auskennt; dann muss ich ihm alles machen. Dem Super-PC-Freak, der lieber 30 Minuten aufwendet, um eine Sekretärin dazu zu bringen, ihn zu bedienen, als eine Arbeit, die 3 Minuten dauert, selbst zu erledigen. Der Hilflose. Ich kann es nicht erzählen, was da wieder gelaufen ist. Habe das Gefühl, ich muss würgen, wenn ich mich konkret daran erinnere.

Dann laufe ich im Zimmer auf und ab mit verdrückten Tränen. Weiß, dass da ein riesiger Moloch an schrecklichen Erinnerungen in mir lauert, darauf wartend, dass er endlich raus kann. Und ich hab Angst davor, mich damit zu konfrontieren. Wenn ich es wieder erinnere – was für die Heilung scheints nötig ist – dann müssen diese schrecklichen Ereignisse ja wieder mein Bewusstsein passieren. Mit graut davor. Aber die Seele verliert keine Zeit. Soviel das Bewusstsein ertragen kann, wird baldmöglichst raus gespült.

Vielleicht muss ich ja gar nicht alles wiedererinnern. Ich weiß nur, was ich jetzt raus kotzen muss, wenn ich will, dass diese Gefühle des Würgens und Erstickens endlich wieder aufhören.

Dieses Wissen, dass der Chef für hofrecht zu den Anderen hält, macht einen ja zusätzlich fertig. Mein Alltag da drin war es, vollgepumpt mit Adrenalin die Arbeiten zu erledigen. Friedlich wie das Häschen, um möglichst wenig Angriffsfläche zu bieten. Hat nix geholfen. Wenn die einen auf dem Kicker haben, erfinden die notfalls was. Viele Aussagen kann man so 'rum oder andersrum interpretieren.

In manchen Zeiten habe ich schon allein dadurch, dass die Tür aufging, Adrenalinstöße bekommen. „Was kommt jetzt wieder auf mich zu?"

Gezwungen werden zu Tätigkeiten, die die Erfüllung der Aufgaben, für die ich selbst verantwortlich bin, beeinträchtigen. Dienste erledigen, die niedriger sind als das, wofür man mich eingestellt hat. Gehorchen müssen, egal wozu, egal wem. Dem letzten Widerling. Menschen, die weder mehr können noch mehr wissen als ich. Der Simondes darf man keine Anerkennung zollen. Nur wenn sie einen hündisch bedient hat, um keine weiteren Schläge zu provozieren, dann kriegt das Wacki eine kleine Wurst.
„Aber sonst ist doch alles ok, oder?"

Explodieren. 1,65 cm groß, ca. 62 Kilo schwer. Das ist die Masse, in der dieses Grauen Platz finden musste. Es jetzt noch muss. Meine Seele reicht weiter; hat aber nicht ausgereicht, das Grauen zu beherbergen. Kräfte wurden nach draußen projiziert. Spukphänomene laut parapsychologischer Beratungsstelle. Psychokinetische. Scheints nicht selten in außergewöhnlichen Lebenssituationen. Weil das Grauen zu

groß war, ich es nicht mehr ertragen konnte. Die Explosion, die es nach draußen projiziert hat, bewirkt,
dass sich Dinge bewegen, die ich nicht angefasst habe. Hole ich zum Beispiel etwas aus dem Kühlschrank,
fällt etwas mit heraus, das ich nicht angefasst habe,
und das auch in keinerlei Berührung war mit dem,
was ich rausgeholt habe. Passierte aber nicht oft.
Weil die Belastung zu groß war für ‚normale' Kräfte,
hat meine Psyche weitere zur Verfügung gestellt.

Musste mir Gedankenstopp verordnen, weil mir vor
lauter Rage das Blut in den Kopf gestiegen ist. Diese
Gedanken, was sich da alles ereignet hat, das war
zum aus-der-Haut-fahren.

∗

Hawaii. In der Sonne baumeln. Selige Ruhe. Überall
Sonnenschein + alles in Ordnung. Kontrastprogramm
im Kopf, um das Explodieren zu verhindern.

02.12.

Einmal sagte ich zu dem mir wohlgesonnenen Direktor, „Ich weiß, dass ich manchmal einen Augenausdruck habe wie ein Seziermesser". Hat dann natürlich
verneint und wollte, wohl mehr aus Höflichkeit, mich
beschwichtigen. Aber ich weiß, dass ich oftmals aus
Angst, was denn Jemand über mich denken oder was
mir wieder begegnen könnte, mit angst-geweiteten
Augen geschaut habe, was ich denn beim Anderen
entdecken könnte. War kein absichtliches Verhalten.
Aber wenn Du Dich gefangen fühlst wie ein Kaninchen
beim Schlachter, kein Ausweg, erdulden müssen, was
wieder kommt → die Seele fordert ihren Tribut: die
Überlebensinstinkte **reagieren**, sind nicht so einfach
durch bewusste Verhaltenskontrolle abzustellen. Mit
vor Angst geweiteten Augen habe ich an den Gesich-

tern der Anderen gehangen, wie ein Kind, das bettelt und hofft „bitte tu mir nichts, bitte tu mir nicht mehr weh". Gleichzeitig mag sich wohl eine geschärfte Lanze, „bereit, mich bis auf den letzten Tropfen Blut zu verteidigen", in meinen Augen widergespiegelt haben.

Könnte ich mich jetzt schämen dafür. Aber der Überlebensinstinkt rangiert hierarchisch scheints über den Schamgefühlen. Muss ich halt aushalten, was ich da alles geliefert hab. Wie das erst weh tut.

*

Hatte meinem indirekten Vorgesetzten monatelang (länger war's nicht) vertraut und gedacht, dass er zu mir steht. Als ich dann nicht nur kapiert habe, dass auch er sich von mir abgewendet hat, sondern – Jahre später – sehen musste, dass er sogar einer der schlimmsten war in diesem Mobbingprozess, da habe ich mich gefühlt wie eine Schnecke, die blind geglaubt hat, auf der grünen Wiese zu grasen und irgendwann erkennen musste, dass sie in Wirklichkeit – nach dem Aufwachen aus einem trügerischen Traum – an einer dunklen, verschimmelten Wand hochgekrochen ist. In die Irre gelaufen. Tödlichen Dreck unter sich anstatt einer nahrhaften Wiese. Mein Fehler, auf Andere vertraut zu haben anstatt auf mich selbst.

Jetzt sitze ich hier und kann es bis heute nicht fassen. Weiß, dass ich es erlebt habe und dass ich es verarbeiten muss. Und werde.

Leicht ist es gewiss nicht.

Strauchelnde Seele – strauchelnde Finanzen

In dieser Zeit, als meine Seele aus dem Ruder lief, ist mein Umgang mit Geld ebenso aus dem Ruder gelaufen. Ein Finanzgenie war ich sowieso nie. So gut es geht, lerne ich aber aus meinen Fehlern.

Das Bafög, mit dem ich mein Studium finanzierte, sollte vollständig zurück gezahlt werden. Mein Studium fiel genau in diese Jahre, in denen es für die Rückzahlung keinerlei Abschläge gab. Früher hatte es Bafög scheints umsonst gegeben. Nach meinem Studium gab es eine Änderung, gemäß welcher Studierende nur die Hälfte des Erhaltenen zurückzahlen mussten. Diesbezüglich hatte ich mit meiner Studienzeit schlichtweg Pech.

Mit Rücklagen aufbauen tat ich mich später im Beruf auch wegen dieser finanziellen Belastung der Bafög-Tilgung schwer. Für einen Wohnungswechsel hatte ich einen Klein-Kredit aufgenommen. Abgesehen davon hatte immer wieder eingekauft, weil sich meine Katastrophenstimmung dadurch wenigstens etwas besänftigen ließ. Unnütze Dinge habe ich nicht gekauft, sondern im Wesentlichen mehr und bessere Klamotten, Kosmetik, usw. Hie und da mal Schampus anstelle von normalem Sekt.

Auch eine familiäre Erbschaft fiel in diese Zeit. Der geerbte Betrag hätte für die Anzahlung einer kleinen Eigentumswohnung reichen müssen, aber ich war in den Jahren des Mobbings nervlich schwerst belastet und habe suchtbedingt in rauen Mengen Alkohol getrunken. In der letzten Phase, bevor ich von diesem Mobbing-Arbeitsplatz weggegangen bin, habe ich streckenweise auf Spiegel getrunken. Das heißt, dass ich schon tagsüber Alkohol auch deswegen getrunken habe, um das Entzugszittern zu bekämpfen.

Ein auch nur halbwegs hinreichendes Management meiner Finanzen habe ich in dieser Zeit nicht bewältigen können. Ich kämpfte um mein seelisches und körperliches Überleben.

*   *   *

Ein weiteres Thema bezüglich des Aufbaus meiner Schulden war das Gebaren meiner damaligen Bank. Der Anteil von Zinsen und Gebühren an der Gesamtschuld lag nach Beendigung dieses Geschäftsverhältnisses bei etwa 40 Prozent.

Seinerzeit musste ich wiederholt persönlich mit meinem Konto-betreuer sprechen, um zu bewirken, dass etwa die Miete noch überwiesen wird oder eine Umschuldung vorgenommen auf ein zinsgünstigeres Kreditkonto. Vor solchen Gesprächen habe ich fast immer Alkohol getrunken, um meine flatternden Nerven zu beruhigen.

Teilweise ließ mich der Kontobetreuer Blanko-Formulare unter-schreiben mit der Begründung, dass ich ansonsten nochmals vorbeikommen müsse. Dass mich diese Gespräche nervlich be-sonders belasteten, dürfte dem Kontobetreuer kaum verborgen geblieben sein. Ich habe innerlich hin gezittert auf die Momente, wenn ich diese stark belastenden Bank-Gespräche endlich be-enden konnte. Durchblickt habe ich seinerzeit sehr wohl, wie der Kontobetreuer mich manipulierte. Aber ich war nicht in der Lage, meine Interessen vernünftig zu vertreten.

Als ich dann arbeitslos war, musste dies der Betreuer des Giro-kontos gemerkt haben, da es ja sichtbar ist, woher das monatli-che Geld kommt. Von den ca. EUR 1.000 Arbeitslosengeld wur-den viele Monate lang – zusätzlich zu den EUR 520 Monatsmiete – eine interne Kredit-Tilgung in Höhe von EUR 250 abgebucht. Den Kredit (ca. EUR 10.000) hatte ich für einen Wohnungsum-zug aufgenommen und mit Umschuldung vom Girokonto weiter belastet.

Meinem Wunsch, die Tilgung zu unterbrechen, bis ich wieder eine Stelle hatte, wurde nicht entsprochen. Bald war ich wieder im Minus. Trotzdem wurden weiterhin die EUR 250 monatlich umgebucht. Das Minus auf dem Girokonto bringt der Bank mehr Zinsen als das Minus auf dem Kreditkonto.

Nach dem Aufbrauchen der Abfindung war ich auch auf dem Girokonto irgendwann wieder im Minus.

Ich finde, die Bank hätte mein Girokonto frühzeitig so umstellen müssen, dass ich nur noch abheben kann, was drauf ist, aber mehr nicht. Das Konto wurde jedoch erst gesperrt, als es – wie gesagt, bei einem monatlichen Arbeitslosengeld von ca. EUR 1.000 – bereits mit einem Betrag von etwa EUR 11.000 überzogen war. Diese Sperrung war aber vollständig. Das Girokonto war für mich nicht mehr nutzbar.

Auf Anraten einer städtischen Mitarbeiterin, an die ich mich in meiner Not gewandt hatte, eröffnete ich darauf hin bei einer anderen Bank ein Konto auf Guthaben-Basis, auf das ich ab sofort das Arbeitslosengeld überweisen ließ.

Die Vorstellung der Sperrung meines Girokontos fand ich grauenhaft. Es war dann zwar natürlich nicht schön, aber überraschenderweise folgte, nachdem alles über das neue Guthabenkonto lief, eine Zeit der Erleichterung. Denn ich wusste, dass ich das eingegangene Geld auch wirklich verbrauchen konnte. Es war zwar sehr wenig, aber die Angst, überhaupt nichts mehr zu bekommen, war weg. Zuvor hatte ich jahrelang beim Geldabheben zumeist starke Ängste gehabt. Als würde aus dem Automaten eine strafende Hand rauskommen, die mich am Krawattl packt und mich fertig macht.

*   *   *

Während meiner Arbeitslosigkeit kam ich das zweite Mal wegen Selbstmordabsichten ins Krankenhaus und blieb dort mehrere Monate. In dieser Zeit erhielt ich bezüglich meiner Finanzen Unterstützung von einem Berater, der mit meiner Ex-Hausbank einen Vergleich abschloss. Mit der Institution, die die Bafög-Schulden eintrieb, gab es keine derartige Vereinbarung, nur die monatlichen Zahlungen wurden vorübergehend ausgesetzt.

Der Vergleich mit der Ex-Hausbank sollte über drei Jahre laufen und hätte auch für mich funktioniert, wenn ich arbeitslos geblieben wäre, wovon der Berater aufgrund meiner stark belasteten Gesundheit vermutlich ausgegangen ist.

Die Bank war schlauer.

Ich bin zäh, habe nachhaltigst an meinen Hoffnungen festgehalten und an eine positivere Zukunft geglaubt. Im Jahr des Vergleichsabschlusses bin ich das Arbeitsverhältnis eingegangen, in dem ich beschäftigt war, bis mich mehrere Jahre später ein schwerer Burnout endgültig aus dem Arbeitsleben hinaus drückte.

Bald wurden die monatlichen Bafög-Tilgungen wieder aufgenommen. An die Ex-Hausbank musste ich monatliche Raten zahlen sowie in jährlichen Nachzahlungen die Hälfte des Betrages, der über ein Netto-Jahreseinkommen von EUR 12.100 hinausging. Als gewöhnliche Büroangestellte verdiente ich nicht besonders viel.

Das Geld für die erste dieser Nachzahlungen habe ich noch von meiner Mutter erbettelt. Für die zweite habe ich mein aktuelles Girokonto überzogen und für die dritte – in dem Glauben, es sei die letzte – einen neuen Kredit aufgenommen.

Das Amt, das die Bafög-Schulden einzog, schickte wiederholt Zahlungsaufforderungen für Beträge, die ich zusätzlich zu den Monatsraten bezahlen sollte. Wie sich diese Zusatzforderungen begründeten, ließ sich trotz mannigfaltiger Versuche nicht herausfinden, weder telefonisch noch schriftlich. In rhetorischer Hinsicht könnte ich viel lernen von Leuten, die nicht nachvollziehbare Geldforderungen „begründen". Mein Berater vereinbarte nur eine Stundung bis zum damaligen Jahresende, allerdings bei gleichzeitiger Erhöhung des Zahlungsbetrages um über 50 %.

Diese finanziellen Belastungen konnte ich nicht mehr stemmen. Dem Berater habe ich viele Emails geschrieben und mehrfach persönlich mit im gesprochen. Ich sagte, es ginge doch nicht, dass die einen fordern, ohne zu berücksichtigen, was die anderen wollen, und umgekehrt. Der Berater aber stellte sich auf den Standpunkt, die Regelung sei konform mit dem geltenden Insolvenzrecht.

Das Schlimme war, dass meine frühere Hausbank den Vergleich keineswegs nach drei Jahren als beendet ansah. Ich besitze aber Unterlagen, gemäß denen der Vergleich drei Jahre laufen sollte. Aber ich war nicht in der Lage, mir zu helfen.

Klar war, dass es aufgrund meiner erneuten Berufstätigkeit bei mir wieder mehr zu holen gab. Wann der Vergleich nun hätte zu Ende sein können, war für mich nicht ersichtlich. Wenn ich alles getilgt habe, dachte ich mir, kommen sie weiterhin mit Gebühren, Unkosten und Sonstigem auf mich zu.

Diese Zeit war nicht schön. Das Geld war nicht nur knapp, sondern es gab kaum Chancen, daran etwas zu ändern. Hätte ich durch einen Nebenjob etwas dazu verdient, wäre mir davon ja auch mindestens die Hälfte genommen worden. Und gut bezahlte Nebenjobs gibt es kaum. Abgesehen davon war ich sowieso kräftemäßig ständig hart an meinen Grenzen.

Wäre in dieser Zeit mein Kühlschrank oder ein ähnlich großes Gerät kaputt gegangen, hätte ich mir ein gebrauchtes anschaffen müssen. Aus Hygienegründen fand ich das nicht gerade aufmunternd. Mit offenen Augen konnte ich dem Absinken meines Lebensstandards zuschauen, der ohnehin schon die Holzklasse war.

Dass ich überhaupt länger zahlen sollte, traf mich weniger als die Bedingung, dass es weiterhin einkommensabhängig sein sollte. Denn genau diese Bedingung verdammt einen zur Armut, zumindest in meiner Einkommensklasse. Machte irgendetwas im Haushalt oder gesundheitsmäßig den Eindruck, es könnten Kosten auf mich zukommen, löste dies Angst aus. Ich weiß nicht,

was gewesen wäre, wenn ich mir etwa einen Schneidezahn aus-
geschlagen hätte. Auf einen Kredit konnte ich nicht mehr hoffen, und es wäre bei solchen Finanzen auch heikel gewesen.

Als ich seinerzeit die dritte Jahreszahlung an meine Ex-
Hausbank geleistet hatte in dem Glauben, es wäre die letzte
gewesen, entwickelte sich in der Folge bei mir ein Gefühl der
Unbeschwertheit, von dem ich schon Jahre lang vergessen hatte, dass es das gibt.

Das Mobbing war vorbei, ich hatte wieder einen Arbeitsplatz,
und auch finanziell glaubte ich mich auf dem Weg zur Normali-
tät.

Als dann meine Ex-Hausbank die vierte Jahreszahlung forderte
und ich erkannte, dass es noch lange so gehen könnte, brach
nicht nur diese Unbeschwertheit wieder ein, sondern es kam
richtig üppig.

*　　*　　*

In meiner Verzweiflung habe ich eine Schuldnerberatung aufgesucht. Das genaue Durchrechnen meiner Finanzen ergab, dass
meine monatlichen Belastungen (Raten und Ansparen für Jah-
reszahlungen) etwa ein Drittel über dem lagen, was man mir
überhaupt hätte pfänden können. Bei meinem kleinen Büroan-
gestellten-Einkommen stellte dies eine deutliche Belastung dar.
Die Aussage meines bisherigen Beraters, wonach seine Regelung konform wäre mit dem geltenden Insolvenzrecht, erwies
sich somit als falsch.

Die Schuldnerberatung legte mir eine Privatinsolvenz nahe. Bei
dieser Vorstellung hat sich mir der Magen umgedreht. Das bedeutete für weitere insgesamt etwa sieben Jahre einkommens-
abhängige Zahlungen, Einbeziehung des Arbeitgebers wegen
der Pfändung des Gehaltsanteils, öffentliche Nennung meines
Namens im gerichtlichen Insolvenzregister, usw. Ganz zu

schweigen von meiner persönlich empfundenen Niederlage. Mobbing und Arbeitsplatzverlust markieren eine tiefe Krise in meinem Leben, die sich lange Jahre hingezogen hat. Und nun sollte sie weitere sieben Jahre andauern.

Diese Schande wollte ich nicht über mich ergehen lassen, und auch vor der zwangsjackenmäßigen Verdammung zur Armut graute mir.

Nach meiner Meinung war diese Insolvenz nicht nötig, denn die Schulden waren nicht so eklatant hoch. Der Hauptanteil der Schuld betraf meine Ex-Hausbank und das Amt, das die Bafög-Schulden eintrieb. Meine Frage, ob man nicht mit den Gläubigern eine Regelung treffen könne, gemäß welcher ich feste monatliche Raten tilge, beantwortete die Dame der Schuldnerberatung mit dem Hinweis, dass dies nur ein Jurist könne. Diese Antwort war mehr als fragwürdig, denn wenn eine städtisch anerkannte Schuldnerberatung und Insolvenzbegleitung sowas nicht aushandeln kann, wer dann?

Jedenfalls hat mich diese Schuldnerberatung mehrere Wochen lang derart unter Druck gesetzt, dass ich schließlich klein beigegeben habe und der Insolvenz zugestimmt.

„Lustig" war auch, dass diese Schuldnerberaterin recht oft meine diversen Fragen beantwortete mit „Das weiß ich nicht". Dabei sagte sie dies nicht etwa leise oder verschämt, sondern selbstbewusst mit kräftiger Stimme. Als wäre das etwas Selbstverständliches. Und als hätte ich es zu akzeptieren, auf meine Fragen keine Antwort zu erhalten. Als wäre es ungehörig, es überhaupt zu wagen, solche Fragen zu stellen. Da ging es aber um meine Finanzen in zutiefst existenziell relevantem Bereich.

Ich denke, dass ich für die Schuldnerberatung als Privatinsolvente die Kundschaft war, mit deren Betreuung „Umsatz" gemacht und entsprechende Arbeitsplätze finanziert wurden. Dass das Dringen auf meine Insolvenz nicht in meinem Interesse geschah, sondern in dem der Beratungsstelle, davon bin ich bis heute überzeugt.

Mehr Arbeit hat eine Insolvenzbegleitung scheints im ersten und im letzten Jahr, bei der Inkraftsetzung und bei der Schluss-Abwicklung. In den Jahren dazwischen läuft eine Insolvenz zumeist wie von selbst. Die Zuschüsse fließen aber trotzdem.

Meine Schuld erhöhte sich durch die Insolvenz um etwa zwei Drittel (!), da die Gläubiger hohe Aufschläge geltend machten und außerdem Gerichts- und sonstige Gebühren hinzu kamen.

*   *   *

Es folgte eine Zeit schwerer Sorgen und Demütigungen. Die Feststellung meiner Lebenssituation entsprach dem amtlichen Blick bis ins Schlafzimmer. Die Erfassung meiner Lebenssituation wurde sehr gründlich durchgeführt, und sie schien für die Angestellte der Beratung nicht der uninteressanteste Teil dieser Betreuung zu sein.

Es gab viele Kleinigkeiten. Zum Beispiel wurde anhand der Ausgabenliste, die ich führen musste, „festgestellt", ich würde zu viel Schokolade essen.

Dafür, dass ich für einen (verpflichtenden) Belehrungsabend einen Termin wollte, für den ich nicht zu früh von meiner Arbeitsstelle wegzugehen brauchte, musste ich mich noch entschuldigen. Berufstätige Insolvente waren damals scheints selten.

Klar war, dass ich Fehlbare mir jetzt sagen lassen musste, wo es lang geht! Das geballte Maß an Demütigungen bedrückte mich sehr.

Darüber hinaus: Es war eine Zeit verstärkter Ängste und Unsicherheiten, auch weil ich nicht abschätzen konnte, ob oder mit welchen Vollstreckungsmaßnahmen ich zu rechnen hatte. Ich hatte Angst davor, mir im Fall einer Kontopfändung Tage lang keine Lebensmittel mehr kaufen zu können. Natürlich hätte ich nicht hungern müssen, sondern wäre halt zu Verwandten betteln gegangen. Aber diese Situation war einfach furchtbar.

Mit Fragen solcher Art war ich als zahlungsunfähige Klientin einer personalschwachen Schuldnerberatung schon mal zwei Wochen lang allein gelassen.

Nach dem Einreichen des Insolvenzantrages erfuhr ich von meinem Treuhänder, dass erst noch bestimmte Sachverhalte überprüft werden mussten. Hätte sich da etwas zu meinen Ungunsten ergeben, hätte man mir die Restschuldbefreiung versagen können. Nachdem die Schulden durch die Insolvenz um zwei Drittel (!) gestiegen waren. In dieser Zeit war ich nervlich völlig fertig.

Ich war ca. 48 Jahre alt. Nach Ende der Insolvenz wäre ich etwa 55 gewesen. Nach Mobbing, Arbeitslosigkeit, Suff und Insolvenz hätte nach den Wechseljahren endlich auch mein Leben anfangen können. Das waren meine Gedanken. In dieser Zeit war ich stärker selbstmordgefährdet. Monate lang waren die Selbstmordgedanken meine täglichen Begleiter.

Verwandte haben mir schließlich geholfen und mit den Gläubigern eine Einigung erzielt, so dass die Insolvenz noch vor der gerichtlichen Einsetzung aufgelöst werden konnte. Ein anderer Verwandter hatte zuvor von meinen Schwierigkeiten erzählt.
Ich selbst hatte niemanden um Geld gebeten. Viel zu sehr hätte ich mich wegen sowas geschämt.

Als ich den Treuhänder wegen einer vorzeitigen Beendigung des Verfahrens angesprochen habe, hat er dies erst mal zurückgewiesen. Er fragte mich noch, was denn meine Ex-Hausbank dazu sagen würde. Ich habe mich gefühlt wie die Kuh, die schließlich zum gemolken werden da ist.

Aber eine meiner Cousinen hat es ihm gezeigt. Sie hat geschickt und sachkundig verhandelt und zusammen mit einer weiteren

Verwandten diesem für mich so schrecklichen Spuk ein Ende bereitet.

Das liegt jetzt schon mehrere Jahre zurück, und mein Leben läuft wieder in vernünftigeren Bahnen. Seit Jahren trinke ich keinen Alkohol mehr und befinde mich durch Therapie und die regelmäßigen Selbsthilfegruppen-Besuche auf einem Weg wachsender seelischer Gesundheit. Nicht wenige Alkoholiker kriegen die Kurve nicht mehr in eine so positive Richtung.

Diese Erlebnisse haben mir – so schlimm sie waren – trotz allem viele wertvolle Erfahrungen gebracht und mich reifen lassen.

.

Hier bin ich einfach meinen Bedürfnissen nach Farben, Formen und Bewegung gefolgt.

Surfen an der Grenze des Todes,
um dem Tod zu entwischen

Unter einem Alkoholiker stelle ich mir einen herunter gekommenen Menschen vor, der nachlässig gekleidet ist, unangenehm
riecht, keiner wesentlichen Arbeit nachgeht, der Andere beläs-
tigt und dabei nur sinnloses Zeug lallt. Es ist nicht gerade das
Bild eines Menschen mit gutem Image. Alkoholismus ist zwar
heute medizinisch und juristisch als Krankheit anerkannt. Trotzdem gleicht diese Erkrankung einem Stigma, weswegen viele
von uns Betroffenen den meisten Menschen gegenüber aus gutem Grund nichts erwähnen.

Diese Krankheit zerstört einen existenziell, sofern man nicht
rechtzeitig den Ausstieg schafft. Viele landen im Zuchthaus, weil
sie im Suff schlimme Dinge angestellt haben, Viele in der Psy-
chiatrie, weil der Alkohol das Nervensystem inklusive Gehirn
langsam, aber sicher zersetzt hat. Auch Berichte, die sich vordergründig weniger dramatisch anhören, offenbaren oftmals
menschliche Tragödien, zum Beispiel von Angehörigen, die psychisch krank werden, weil das Leben neben einem Süchtigen sie
hoffnungslos überfordert.

Am schlimmsten sind Schilderungen, wie Betroffene nicht nur
ihre Kinder misshandelt haben, sondern die irgendwann – wenn
ihre Kinder von einem Heim ins nächste gereicht werden – erkennen müssen, dass sie mit ihrem Suff auch deren Leben zerstört haben.

*   *   *

Alkoholismus schleicht sich langsam ein, vordergründig besänf-
tigend und heimtückisch larviert.

In geselliger Runde einen trinken, kann echt schön sein. Später, in anderen Situationen, wenn ich alleine war, hatte ich Lust, mir diese schönen Gefühle wieder herzuholen. Anfangs war es ein Sekt-Piccolo pro Abend, dann zwei, irgendwann eine 0,7 Ltr.-Flasche, usw.

Als ich einmal einen Test ausgefüllt habe, kam als Ergebnis, dass ich alkoholgefährdet bin. Das habe ich völlig ignoriert und weiter getrunken wie gehabt. Ich hätte auch nicht gewusst, was ich hätte tun sollen. Ein ärztliches Gespräch aufsuchen, wäre mal ein Anfang gewesen, aber solche Gedanken habe ich damals weit von mir geschoben.

Aus jetziger Perspektive würde ich mir rückblickend raten, regelmäßig in Selbsthilfegruppen zu gehen. Das mache ich bis heute. Ich hätte nicht in Selbsthilfegruppen gehen wollen, aber die Sucht hat mich hingetrieben und tut es noch. Denn wenn ich nicht mehr in die Gruppen gehe, steigt das Risiko, dass ich wieder anfange zu trinken. Dieses Risiko fühle ich nicht, aber ich habe am eigenen Leib erfahren, wie heimtückisch sich diese Sucht anschleicht. Auch die Erfahrungsberichte anderer Betroffener halten meine Vorsicht wach.

Wäre ich frühzeitiger in solche Gruppen gegangen, hätte mir vieles erspart bleiben können. Entgiftungen, Vorgesetzten informieren müssen, blamables Verhalten, usw. Oder zum Beispiel, dass ich mich jetzt manchmal frage, ob meine Vergesslichkeit wirklich nur altersbedingt ist, oder doch – zumindest teilweise – auf den jahrelang erhöhten Alkoholkonsum zurückzuführen ist.

Allerdings denke ich nur wenig darüber nach, ob mein Hirn nun nennenswerte Beeinträchtigungen erfahren hat oder nicht. Meine Aufmerksamkeit liegt darauf, was ich *jetzt* für meine Denk- und sonstigen Nervenfunktionen tun kann: Halbwegs vernünftige Ernährung, körperliche Betätigung, Entspannung, usw. Und auch Hirntraining durch Rätsel lösen, Texte schreiben, Malen, Zeitung lesen, etc. Das übliche halt.

Mein Leben: Kein Mann, kein Kind, keine Karriere. Das hat natürlich seine Hauptursache in der physischen und psychischen Gewalt in meinem Elternhaus und dem späteren Mobbing am Arbeitsplatz. Was ich an Psychotherapie hatte, wurde von diesem Mobbing aufgesogen, dabei hätte ich es zu allererst für die Bewältigung meiner Kindheits- und Jugenderlebnisse nötig gehabt. Aber ohne den Alkohol, der ja wieder neue Probleme kreiert hat, hätte ich doch frühzeitiger genügend Therapie bekommen können, so dass ich jetzt – vielleicht – doch in einer eigenen Familie leben könnte.

Ohne den Alkohol wäre das Mobbing vielleicht nicht so schlimm gewesen, weil ich rationaler hätte reagieren können. Sicher weiß ich das natürlich nicht, denn das Mobbing hat sich ja so gezeigt, dass es allen Bewältigungsversuchen stets einen Schritt voraus war. Reagiert das Opfer, reagieren der oder die Täter *entsprechend*. Aber ein rechtzeitiger Stellenwechsel wäre eventuell drin gewesen, hätte ich meine Probleme nüchtern angehen können.

Ohne Frage ist eine Sucht eine schreckliche Erkrankung. Sie ist lebensbedrohlich. Für Viele endet sie tatsächlich mit einem frühzeitigen, suchtbedingten Tod. Sie zerstört schleichend das Leben des Betroffenen, und zieht häufig auch noch dessen Angehörige mit in den Abgrund.

Trotzdem war sie in meinem Fall auch lebensrettend. Denn ich konnte meinen Alltag nicht mehr bewältigen. Die Überflutungen mit Ängsten, gefühlten Erinnerungen und allem, was mein Leben erschwert hat, konnte ich nicht mehr aushalten. Mit Sicherheit hätte ich irgendwann die Flucht in den Freitod angetreten, hätte ich nicht die Möglichkeit gehabt, durch Flucht in den Alkohol diesen unerträglichen Gefühls-Überflutungen zu entkommen. Um mein Leben zu retten, bin ich – wenn auch nicht bewusst – am Rande des Abgrunds entlang gesurft.

Die Sucht hat die Unerträglichkeit meines Lebens beendet, indem sie sagte, „bis hierher und nicht weiter". Sie hat mich in Therapien und in Selbsthilfegruppen gezwungen. Die Sucht hat – so paradox es ist – mein Leben gerettet.

Die Alkoholtrinkerei war meine Methode, Unerträgliches so weit in Schach zu halten, dass ich wenigstens überleben konnte, und mich nicht vor Panik und Entsetzen um mein Leben gebracht habe.

* * *

Es ist paradox, aber ich habe die Alkoholsucht entwickelt, obwohl ich eine gewisse Angst vor rauschhaften Zuständen habe. Ich liebte die beruhigende und stimmungsaufhellende Wirkung des Alkohols. Aber dieses, wenn alles anfängt, sich zu drehen im Hirn, fand (und finde) ich unausstehlich.

Es war eine erlernte Routine, Alkohol so zu trinken, dass ich schläfrig wurde, bevor dieses Drehen gekommen wäre. Ich erinnere mich an eine Situation, als ich es nicht geschafft hatte und darauf hin eine Zeit lang wie gehetzt im Zimmer auf- und abgegangen bin, um das Drehen baldmöglichst wieder weg zu bekommen.

* * *

Jedenfalls habe ich es sehr lange nicht wahrhaben wollen, dass ich ein ernstes Alkoholproblem hatte. Selbst als ich den längeren Krankenhaus-Aufenthalt während meiner Arbeitslosigkeit hinter mir hatte, während dessen mir gesagt worden war, dass mein Alkoholproblem ernst ist, habe ich nach einigen Monaten wieder aufgehört damit, in Selbsthilfegruppen zu gehen. Habe mir gedacht, ich bin ja keine „von denen". Wer will schon ein Alkoholiker sein!

Hinzu kommt noch, dass nicht Wenige, wenn man von überhöhtem Alkoholkonsum sprechen will, dies abwehren oder abwiegeln. Bei nicht Eingeweihten kommen teilweise Beschönigungen wie „ach wir trinken doch alle mal Einen über den Durst", bei schon Eingeweihten erntet man entsetzten Gesichtsausdruck, Hilflosigkeit, auch Drohungen. Man lernt schnell, dass man – will man nicht den Bösewicht geben oder einfach keinen zusätzlichen Stress produzieren – Anderen das Thema am besten gar nicht antut. Das Problem weiterhin verleugnet und kaschiert. Ich habe das Problem verleugnet – vor Anderen und vor mir selbst.

Ohne es zu wollen, werden Menschen, die den Alkoholmissbrauch eines Mitmenschen dauerhaft abwiegeln, co-abhängig. Sie decken die Sucht und erleichtern so dem Betroffenen das Weitersaufen. Wie schwer psychisch krank nahe Angehörige von Alkoholikern werden können, habe ich erst auf einem Alkoholiker-Treffen realisiert, auf dem die Ehefrau eines Trinkers ihre Geschichte und die ihres ebenfalls suchtkrank gewordenen Sohnes erzählt hat. Seitdem kann ich mir plastischer vorstellen, wie sehr das Leben neben einem Alkoholiker zur Hölle werden kann.

Die gesellschaftliche Ächtung von Alkoholikern war mit ursächlich dafür, dass ich es lange vor mir selbst geleugnet habe. Und so lange ich es nicht wahrhaben konnte, solange ist diese tückische Krankheit vorangeschritten. Alkoholismus ist wie ein Krebsgeschwür, das halt nicht in der Physis, sondern in der Psyche sitzt, und das seine Verzweigungen auf immer mehr Lebensbereiche ausdehnt. Wie ein Krebsgeschwür müsste auch Alkoholismus so früh wie möglich behandelt werden.

Ohne Ende habe ich mir ja eingeredet, ich könne aufhören. Habe es mir vorgenommen und auch realisiert, aber nie lange durchgehalten. Als ich irgendwann doch kapiert hatte, dass es bei mir ernst war und ich (wieder mal und noch ernsthafter) aufhören wollte, ging es über ein halbes Jahr so, dass ich immer sonntags nichts getrunken habe in der Auffassung, jetzt würde ich nie mehr etwas anrühren. Aber länger als zwei, drei Tage ging es nicht, dann habe ich wieder hingelangt. Eine der Entgiftungen markiert den Beginn meines Heilungsweges. Wobei meine regelmäßigen Besuche beim Betriebsarzt noch eine beschleunigende Rolle gespielt haben.

Ich machte eine berufsbegleitende, ambulante Sucht-Entwöhnungs-Therapie, die ein Jahr dauerte. Bereits während dieser Therapie ging ich regelmäßig in Selbsthilfegruppen, damit ich mich nach Ende der Therapie bereits in einem stabilen Netz sozialer Unterstützung befand. Dieses Vorgehen hat sich für mich sich als sinnvoll erwiesen.

Meine Rückfälle wirklich eindämmen konnte ich jedoch erst, als ich fast täglich in Gruppen ging. Zuerst ging ich wöchentlich. Als das nicht reichte, zweimal die Woche, dann dreimal, usw., bis ich bei sieben Gruppenbesuchen pro Woche angelangt war. Etwa ein dreiviertel Jahr lang besuchte ich Selbsthilfegruppen so gut wie täglich, bis die Rückfälle endlich ausgeblieben sind.

*   *   *

Eine Ärztin hat die Wirkung des Alkohols mit einem schweren Motorrad-Unfall verglichen. Aufgrund schwerer Verletzungen, z. B. eines abgerissenen Armes, schüttet der Organismus Endorphine aus, um einem das Grauen zu ersparen. Sie sagte, dass es bei Alkohol im Grunde das gleiche ist: tritt die nerventötende Wirkung des Giftes ein, kommt das Glücksgefühl. Damit soll dem Organismus der Stress des vermeintlich nahenden Todes erspart werden.

Ein Süchtiger zerstört sich wider besseren Wissens. Der Ruf der Endorphine hat eine gewaltige Macht. Ob es Menschen gibt, die den Weg aus einer Sucht ohne Hilfe von außen schaffen, weiß ich nicht. Ärzte und Therapeuten sagen, dass man dafür eine Therapie braucht. In Selbsthilfegruppen wird gesagt, dass man sein Leben lang in die Gruppen gehen muss. Der Besuch der

Selbsthilfegruppen, die ich kenne, kostet nichts. Niemand verdient daran. Man hilft sich gegenseitig.

Auch ich bin den klassischen Weg gegangen: Entgiftung, Therapie, Selbsthilfegruppen, wobei ich – wie gesagt – bis heute regelmäßig in die Gruppen gehe.

Das Symbol der Schlange fasziniert mich. In dieser Spiralform erinnert es mich an Entwicklungsprozesse. Der Weg aus der Alkoholsucht hin zu einem befriedigenderen Leben war für mich eine besonders wichtige Etappe.

Das zähe Luder beißt sich durch

Mein Kampf gegen die Sucht war hart. Mit verschiedensten Taktiken habe ich versucht, dem Teufelskreis zu entkommen. Habe es mir wieder und wieder vorgenommen, aufzuhören, nur um mir schon wieder die nächste Ration des Stoffes nach Hause zu holen. Habe mir manches Mal gedacht, „du glaubst nicht im Ernst, dass du jetzt schon wieder gehst, um dir Nachschub zu holen". Und während ich dies dachte, stand ich schon im Flur und zog mir die Schuhe an, um im nächsten Supermarkt Nachschub zu holen. Wie ferngesteuert.

Teilweise habe ich geweint und die Schutzengel um Hilfe gebeten. Das hat mir zwar in diesen Situationen den akuten Rückfall nicht erspart, aber in den Tagen darauf fühlte ich mich zumeist doch irgendwie getröstet und hatte Ideen, wie ich es noch angehen könnte. Summa summarum habe ich es ja geschafft. Aber es war langwierig und knüppelhart. Wie manche Lernprozesse eben sind.

In den Monaten, bevor ich aufhören konnte, habe ich immer öfter gebetsmühlenartig meinen Willen gestärkt. „Ich will es schaffen !!!
Ich will es !!!
Ich will es !!!
Ich will es !!!".

Mehrmals täglich habe ich es mir vorgesagt, habe mich richtig hineingesteigert in dieses Wollen. Irgendwann habe ich damit scheints doch unbewusste handlungsleitende Schichten erreicht. Das Wollen alleine hat bei mir nicht ausgereicht, aber nötig war es dennoch.

*   *   *

Tückisch war, dass ich auf meiner schier endlosen Suche nach guten Gefühlen alle Register gezogen habe: Sekt aus schönen Gläsern, stimmungsvolles Kerzenlicht, interessanten Film oder Modemagazin anschauen, leckeren Snack dazu, usw. Bis mir irgendwann klar wurde, was für Lernprozesse ich mir da verabreiche: Alkohol kombiniert mit allem, was gute Laune macht oder sonstwie wohltuend ist.

Darauf hin habe ich angefangen, schrecklich klagende Totenköpfe zu malen und diese Bildchen mit Klebeband an den Gläsern zu befestigen, aus denen ich den Alkohol getrunken habe. Immer wieder habe ich mir vor Augen gehalten, dass Alkohol austrocknet, und dass der Endzustand des ausgetrocknet Seins der Tod ist.

Habe mich bewusst in angetrunkenem Zustand und an den Morgen danach im Spiegel angeschaut, um mich in diesem desolaten Zustand zu sehen. Desolat ist eine Untertreibung: geschwollene Augen, verzweifelter Gesichtsausdruck, wirre Haare, die durchaus den momentanen Geisteszustand repräsentiert haben. Auch an den Tagen nach dem Trinken ist das Gehirn ja wie im Ausnahmezustand wegen des Alkoholabbaus. Wie ein Gewitter im Hirn, so habe ich es oftmals empfunden. Habe meinen Anblick teilweise verglichen mit dem Bild einer wirren Psychiatrie-Insassin, wie ich es aus Filmen kannte.

Die Sucht ist einfach nur grausam, anders kann ich es nicht sagen. Immer wieder habe ich abends meine Augen angeschaut, die schön klar waren, wenn ich zwei, drei Tage lang nichts getrunken hatte. In dem Bewusstsein, dass ich diese Klarheit in den Augen jetzt wieder zerstöre, habe ich – regelmäßig – erneut zum Glas gegriffen. Jetzt, wo ich das niederschreibe, kommen mir die Tränen.

Ich erinnere mich an den Besuch einer Selbsthilfegruppe, als ich schon trocken war, in der eine Frau sprach, die noch trank. Sie weinte und erzählte von ihrer Verzweiflung darüber, dass sie immer wieder trinkt, obwohl sie sieht, wie sehr es ihr schadet.

Da habe ich mich wieder intensiver an meine eigene Trinkzeit erinnert.

Immer wieder an die Schrecknisse der Trinkerzeit erinnert zu werden, ist wichtig, damit ich nicht irgendwann leichtsinnig werde und denke, ach, ich könnte doch wieder mal. Nach gegenwärtigem Stand der Wissenschaft bleibt die Suchtneigung des Gehirns ein Leben lang bestehen. Der erste Tropfen Alkohol kann einen lange dauernden Rückfall einleiten. Ein charakteristisches Merkmal der Sucht ist der Kontrollverlust: Hatte ich erst mal Alkohol geschmeckt, trank ich bis zum Umfallen, oder wie mein übliches Pensum in dem jeweiligen Suchtstadium gerade war.

Kontrolliertes Alkoholtrinken stellt für mich keine Option mehr dar. Täte ich es doch (sofern ich es überhaupt könnte), wäre ich nach meiner persönlichen Definition eine „nasse Alkoholikerin".

In den Selbsthilfe-Gruppen höre ich manchmal Geschichten von Leuten, die viele Jahre lang nichts angerührt hatten, die dann irgendwann doch wieder hingelangt und daraufhin abermals Jahre lang in hohen Mengen getrunken haben.

*   *   *

Warum die Selbsthilfegruppen helfen sollen, habe ich lange nicht begriffen. Ohnehin hatte ich irrigerweise gedacht, dass die Gruppenbesuche erst eine Wirkung zeigen würden, sobald ich durchblickt hätte, wie es funktioniert.

Von Anfang an war für mich hilfreich, was ich als Neuling in den Gruppen hören konnte. Da gab es keine Bevormundung, sondern Leute, die ihre eigenen Geschichten und Erfahrungen erzählten. Denen es auch anfangs schwer fiel, sich in den Gruppen einzufinden und sich diesem Lernprozess anzuvertrauen. Immer wieder kam es zur Sprache, dass man einfach nur hinzugehen braucht, und dass sich der Rest von selbst ergibt. Auch bei mir hat es so funktioniert.

Obwohl ich es anfangs nicht akzeptieren wollte, dass ich zu den Alkoholikern gehöre, war es von Anfang an ein gutes Gefühl, mich in einer Gruppe aufzuhalten, aus der mich keiner rauswerfen würde, weil ich eben auch eine von ihnen war. Heute gehören diverse Mitglieder aus verschiedenen Gruppen sowie die Gruppen an sich zu meinem sozialen Netz. Wenn ich mit jemandem reden möchte, weiß ich, wen ich anrufen kann.

Die Alkoholsauferei hatte mich zusätzlich einsam gemacht. Und der Typ, der Andere leicht an sich heranlassen kann, bin ich sowieso nicht.

* * *

*Wollte einen fröhlichen Tukan malen. Aber am düsteren
Schnabel bin ich nicht ganz vorbei gekommen.*

In den Selbsthilfegruppen erzählen viele Menschen Episoden aus
ihrem Leben, in denen ich mich wiedererkenne. Dadurch, aber
auch in den Therapiegesprächen habe ich gelernt, dass auch ich
aus meinen Seelentiefen erzählen und trotzdem innerlich stabil
bleiben kann.

In den Selbsthilfegruppen kann ich auf den Tisch legen, was
mich bedrückt, egal, was es ist und wie lange es her ist. Ich
trage die verkrusteten Berge in meiner Seele ab, katapultiere
sie nach draußen und mache reinen Tisch in mir.

Dabei ist mir noch lange nicht alles bewusst. Bestimmte Aussagen anderer Betroffener veranlassen mich dazu, nach entsprechenden Inhalten in mir zu suchen. Vieles wird mir dabei bewusst, das ich dann auch gleich aussprechen kann. Die Beiträge der Anderen sind in diesen Bewusstwerdungsprozessen nicht nur Inspiration und Stichwortgeber. Da sich viele Ereignisse und Lebensläufe ähneln, fördert schon das bloße Anhören der anderen Beiträge meine eigene Seelenschau. Auch solche Erfahrungen prägen mein Gefühl der Zugehörigkeit zu diesen Gruppen.

Dieses Mich-wieder-erkennen füllt mein Leben mit Inhalten, die mir vorher nicht zugänglich waren, und verbindet mich mit Anderen. Es verbindet mich mit dieser Welt, die ich zuvor empfunden hatte, als wäre sie nicht meine.

Unaussprechlich Geglaubtes kann ich aussprechen. Die langsame gesellschaftliche Enttabuisierung des sexuellen Missbrauchs hilft mir darüber hinaus, solche Inhalte endlich aus mir raus zu lassen.

Erinnerungen an Gefühle oder Episoden, für die ich mich schämte, hatte ich weit in meinen Seelentiefen vergraben. Viele Selbsthilfegruppenbesuche habe ich gebraucht, bis ich langsam stabil genug wurde, um meine Fehler und Untaten überhaupt anschauen zu können. In meinem Leben hat sich inzwischen genügend innerer und äußerer Halt entwickelt, so dass ich über Dinge sprechen kann, die ich vorher nie hätte zugeben können. Jetzt kann ich sie angstfrei anschauen, bearbeiten und in mein Leben integrieren.

Ein Beispiel dafür: In meinem Alltag lösen manchmal banale Nebensächlichkeiten Schreckfantasien aus. Als ich einmal beim Einsteigen in einen Zug angerempelt wurde, veranstaltete mein Hirnkino die Szene, ich würde nicht mehr rechtzeitig in den Zug reinkommen, würde in der Türe hängenbleiben, mitgeschleift werden und grausam an eine Wand prallen. Viele Jahre lang habe ich solche Schreckfantasien hingenommen als Eigenheit, als Symptom einer gewissen psychischen Schwäche. Darüber habe ich nicht viel nachgedacht. Aber ich habe mich dafür geschämt und hätte nicht im Traum gedacht, dass ich darüber mal sprechen würde.

Aber irgendwann erzählte Jemand in einer Selbsthilfegruppe von seinen Schreckfantasien. Im Laufe der darauf folgenden Zeit dämmerte es mir langsam, dass das genau das ist, was ich auch habe. Und dass das etwas ist, über das man reden kann, wie über alles mögliche andere auch. Und ich habe in den Gruppen darüber geredet.

Heute denke ich, dass diese Schreckfantasien Teil der komplexen posttraumatischen Belastungsstörung sind, an der ich leide. Gilt als „gesicherte Diagnose", wie es so schön heißt.

Insbesondere denke ich, dass diese Schreckfantasien normale Reaktionen sind auf traumatisierende Ereignisse. Es sind Reaktionen, die in tieferen Schichten unserer Psyche einen Sinn ergeben oder mal ergeben haben. Als solche kann ich sie hinnehmen, ohne mich deswegen irgendwie „anders" oder „schlechter" zu fühlen.

Die Posttraumatische Belastungsstörung (abgekürzt: PTBS) entwickelte ich als Folge der Gewalt in meiner Kindheit. Durch Folgeereignisse, insbesondere das Mobbing an einem meiner späteren Arbeitsplätze, hat die PTBS sich intensiviert und an Komplexität zugenommen.

Die Gewalt in meiner Kindheit hat sich angekündigt, zum Beispiel durch schlechte Laune des Täters oder in Folge von Familienstreitigkeiten. Erschreckendes hatte für mich noch Schrecklicheres zur Folge. Das prägte mich.

Ich nehme an, dass mein negatives Gedankenkreisen einen Bewältigungsversuch darstellt. Mögliche Schreckensereignisse rechtzeitig zu erahnen, schafft Flucht- oder andere Bewältigungschancen. Im Lauf der Jahre haben sich diese Reaktionen verselbständigt und waren irgendwann Sinn-entleert.

Ständig war ich auf der Suche, was mich noch alles bedrohen könnte, scannte buchstäblich mein gesamtes Umfeld ab auf der Suche nach vermeintlichen Bedrohungen. Als Erwachsene bin ich aber besser gegen Gefahren gefeit. Vorsichtsmaßnahmen wie in meiner Kindheit sind nicht mehr nötig. Die Übervorsicht war irgendwann kontraproduktiv geworden.

Eine Therapeutin sagte mal, ich komme ihr vor wie Jemand, der vor seinem Teller sitzt und so lange seinen Kopf schüttelt, bis endlich ein Haar in die Suppe fällt, das er dann finden kann.

*   *   *

Mich ausgeschlossen fühlen; Angst haben vor Kontakt; nicht wissen, wohin mit meiner Wut; verlorene Lebensphasen. Mich fühlen, als gehörte ich nicht dazu. Keinen Zugang zu meinen Gefühlen haben. Es nicht bemerken, wenn ich mich überfordere. Meine Bedürfnisse nicht fühlen können. Eine Überforderung erst bemerken, wenn meine Gesundheit schon Schaden genommen hat.
Davon war mein Leben viele Jahre lang geprägt.

Inzwischen kann ich nicht nur vieles sehen und aussprechen. Sondern ich kann das für mich ehedem nur schmerzhaft nebulös Dahinwabernde als Erscheinungsformen des Lebens an sich wahrnehmen. Mein Leben hat für mich eine Kontur bekommen. Ich kann es erkennen als eine Variante dessen, was ich mit anderen teile. Das Dasein im Hier und Jetzt.

Durch das offene und freimütige Schildern der Geschichten anderer Betroffener habe ich gelernt, dass es auch ohne negative Konsequenzen geht, wenn ich in solcher Runde Inhalte aus meinen Seelentiefen erzähle. Das war für mich eine der wichtigsten Erfahrungen: dass gar nichts passiert, wenn ich Dinge erzähle, von denen ich gedacht hätte, dass ich sie niemals Irgendjemandem mitteilen sollte. Inzwischen – nach mehrjähriger

Erfahrung mit diesen Gruppen – habe ich begriffen, dass genau dieses, aus meinen Seelentiefen zu erzählen, einen der Stützpfeiler meiner Genesung darstellt. Insbesondere für den Umgang mit meinen Ängsten ist es wichtig, meine Seelentiefen überhaupt anschauen zu können.

Mit dem Missbrauchsthema war ich viele Jahre allein, meine ganze Kindheit und Jugend sowie die ersten Jahre meines Erwachsenendaseins. Meine Seele hat nicht nur Erinnerungen weggeschoben und verdrängt, sondern auch das schmerzhafte Gefühlsleben, das sich damit zusammenhängend entwickelt hat, beiseite gedrückt. Ebenso war ich allein mit den Verletzungen, die X.s ständige Herabwürdigungen mir beigebracht haben. Meine Psyche war ja nur noch dabei, permanent einen Deckel auf mein brodelndes Inneres draufzudrücken.

Ich erinnere mich an einen Traum, in dem ich in einen Spiegel schaute, der mich zeigen würde, wie ich wirklich war. Darin sah ich mich mit einem Echsen-ähnlichen Panzer umgeben, dessen Visier geschlossen war. Außerhalb des Visiers – anstelle eines Mundes – befand sich eine große Schere.

Die Schere sollte wohl dazu dienen, Kommunikation abzuschneiden. Das Schweigen müssen zu den Vergewaltigungen, die seelischen Verletzungen in meiner Kindheit und auch später. Das meiste wurde mir ja in kommunikativen Prozessen beigebracht. Und es hat damit weitere Verletzungen in meine Seele rein gepflügt.

Gehe ich heute in eine Gruppe (mindestens einmal pro Woche), ist mir bewusst, dass ich auch meiner eigenen Heilung zuliebe etwas beitragen muss. Auch dann, wenn mir gerade nicht zum Sprechen zumute ist.

*   *   *

Viele meiner Bedürfnisse nicht zu bemerken, ist, wie gesagt, eines der nachhaltigsten Probleme, die ich hatte und teilweise noch habe. Zum Beispiel erledigte ich am Arbeitsplatz einzelne Aufgaben oft wie am laufenden Band, ohne mir auch nur eine kurze Verschnaufpause zu gönnen. Andererseits kämpfte ich ständig gegen Erschöpfungszustände. Wann ich eine Pause einlegen sollte, spürte ich nicht. Ich ging das Problem an, indem ich mir konkrete Uhrzeiten festlegte, zu denen ich meine Arme auf den Schreibtisch legte, den Blick aus dem Fenster richtete, durchatmete und versuchte, an nichts zu denken.

Vor vielen Jahren sprach ich mal mit einem vertrauten Kommilitonen darüber, wie oft ich von Männern stehen gelassen werde, nachdem sie ein oder ein paar Mal mit mir geschlafen hatten. Ich erzählte, dass ich mich beim Geschlechtsverkehr teilweise fühlte, als würde ich unbeteiligt danebenliegen. Da antwortete er mir spontan, dass ihn das an die Borderline-Symptomatik erinnere.

Daran denke ich oft. Die Grenzlinie zwischen Diesseits und Jenseits markiert meinen Fluchtweg. Und sie ist bis heute beliebte Wegstrecke für meine Gedankenflüge.

Weitere Borderline-Symptome habe ich nicht bei mir entdeckt. Auch habe ich keine Borderline-Diagnose bekommen. Aber Grenzen sind, seit ich denken kann, ein gravierendes Thema meines Lebens. Die frühen Grenzverletzungen haben bei mir scheints bewirkt, dass ich meine Grenzen nicht genügend wahrnehmen kann.

Die Bilder sind inspiriert durch Jugendstil-Glasarbeiten.
Das untere Bild zeigt mir eine Landschaft, die in die
Anderswelt führt, weil sie ins Nebulöse übergeht.

Ich glaube, dass meine Neigung zu Übersinnlichem auch mit den Vergewaltigungen in meiner Kindheit zusammenhängt. Weil ich mich während dieser Taten, um diesem Grauen zu entfliehen, aus meinem Körper hinaus fantasiert habe. In diesen Zeiten bin ich eine Grenzgängerin geworden. Die Grenze zwischen dem Diesseits und einer anderen Seite zu passieren, ist für mich Routine geworden.

Auch wenn ich in meinem Leben immer wieder mit Selbstmordgedanken konfrontiert war, empfinde ich die Passierbarkeit meiner Grenze zur Anderswelt als lebenserhaltend. Als hätte ich es nicht nötig, endgültig hinüber zu gehen, um zu sehen, was da ist, weil ich mir jetzt schon genügend Bilder davon mache. Die besondere Nähe zur anderen Seite bereichert mein Leben. Mittels meditativer Reisen, Gedankenflüge, in Tagträumen oder sonstwie mal rüber zu flanieren, fällt mir leicht.

Aber auch als Flucht findet das Hinüberwandern in andere Gefilde heute noch statt. Früher hatte ich es in höherem Ausmaß, alltagsmäßig geistesabwesend zu sein und mit meinen Gedanken sonstwo rumzuhängen. Eine Therapeutin riet mir einst, stets etwas bei mir zu haben, das ich anfassen kann, um mich durch diese Sinnesreizungen wieder ins hier und jetzt zu holen. Um mein Bewusstsein wieder an meinen Körper zu erinnern und es dahin zu holen, wo sich mein Körper gerade befindet.

Bezeichnenderweise trage ich seit vielen Jahren einen kleinen Trommelstein (z. B. einen Bergkristall, Ametrin oder Fluorit) alltagsmäßig in meiner Hosentasche und fasse den auch sehr oft an. Abgesehen davon, dass ich an die Heilwirkung solcher Steine glaube, symbolisieren sie für mich auch transzendente Weiten, endlose Kommunikationsmöglichkeiten, die Anderswelt, faszinierende Gedankenreisen, und einiges mehr.

Bis heute kenne ich von mir die Reaktion, dass ich bei länger anhaltendem starken Stress irgendwann fluchtartig gedanklich aus der Lebenssituation aussteige und mich und mein Leben von außen betrachte. So, als würde ich weit über mir schweben. Dadurch reduziert sich erst mal mein psychischer Druck. Oft hilft mir das, die äußeren Stressoren als weniger bedrohlich wahrzunehmen.

Das ist anders als die bewusste Strategie, mich von außen zu betrachten, zum Beispiel, um bei depressiven Anwandlungen eine innere Distanz zu bekommen zu den schmerzlichen Gefühlen. Bei der bewussten Strategie kontrolliert der Verstand und lenkt mein Befinden.

Ich schaue darauf, Gegenstände in meiner Nähe zu haben, die sich gut anfühlen. Zum Beispiel mag ich sehr gerne dieses Geflecht aus kleinen Metallplättchen, aus dem manche Abendtäschchen oder Schmuckstücke gemacht sind. An so ein goldfarbenes Täschchen habe ich noch ein Plüschtier hingehängt, ein kleines gelbes Häschen, und einen grün-bunten Perlmuttanhänger. Das ist Nahrung für die Sinne, so richtig schön. In diesem Täschchen hab ich Stifte, Zettel, Lupe und sonstigen Kleinkram für den Alltag. Es liegt auf der Couch neben meinem Lieblingsplatz. Manchmal nehme ich das Täschchen, fühle die kühlen Metallplättchen in der einen Hand und das weiche Plüschtier in der anderen. Das Plüschtier hat so ein niedliches Gesicht. Ich könnte es stundenlang anglotzen.

*   *   *

Ich habe Probleme mit Nähe, kann niemanden an mich heranlassen, körperlich und seelisch nicht. Oft will ich mehr Abstand zu Anderen als diese umgekehrt. Dann rücke ich weg, gehe Leuten aus dem Weg, usw.

Schaut mich Jemand aus zehn Metern Entfernung an, kann mich, wenn ich nicht gut drauf bin, sogar das stressen. Ich werde unruhig, frustriert, möchte mich dagegen wehren. Kann das aber nicht, weil es soziale Normen zu sehr verletzen würde. Dann muss ich mich halt wieder beherrschen. Und: runterschlucken, runterschlucken. Die Doppel-Bedeutung des Wortes Schlucken besteht sicherlich nicht aus Zufall. Früher schluckte ich hinunter, was ich hätte raus brüllen wollen und müssen. Ich schluckte Gift: Alkohol.

In dieser Mobbing-Abteilung gab es einen Kollegen, der sich nicht in das Mobbinggeschehen mit hineinziehen lassen hat, der mir gegenüber stets Solidarität bekundet hat, ohne sich aber einzumischen. Diese kollegiale Beziehung entwickelte sich gut. Als er einmal in Urlaub war, und ich bemerkte, dass er mir fehlte, habe ich ihn in meinem Gedanken als kleines Würstchen bezeichnet. Dies war Ausdruck meiner inneren Distanzierung, da ich niemanden an mich heranlassen konnte. Kaum hatte ich bemerkt, dass er mir innerlich ein Stück näher gerückt war, hat ein Distanzierungsmechanismus in mir ihn postwendend abschätzig bedacht.

Schon oft eckte ich an, weil ich bei „Friede-Freude-Eierkuchen" nicht mehr mitspielen konnte, reizte Grenzen aus. Beim 80. Geburtstag meiner Mutter habe ich es nicht über mich gebracht, mich für das Familienfoto mit aufzustellen. Es wäre für mich wie ein Akt der Unterwerfung gewesen, gleich einer Zustimmung dazu, dass ich es wäre, die einen Grund hätte, sich zu schämen.

Als ich einmal zuhause auf der Couch eine Meditation gemacht habe, stellte ich mir vor, ein hilfreiches Geistwesen würde neben mir auf der Couch sitzen. Ich war einsam und habe Trost gebraucht. Trotzdem ging bei der Vorstellung des neben mir sitzenden Wesens gleich mein Ellbogen raus, um Distanz herzustellen.

Auch das zeigte mir, wie tief die Angst vor Nähe in mir wurzelte. Aber ich war noch weit davon entfernt, mit solchen tiefsitzenden Problemen umgehen zu können. Diese Seelenmechanismen überforderten mich hoffnungslos. Sie schlugen über mir zusammen wie die Wellen über einem Ertrinkenden.

Einfach drauf los gemalt, ohne viel zu denken. Im Nachhinein betrachtet sehe ich ein Wesen (Mischung aus einem Haus und einem Huhn oder Fabelvogel), das sich seiner stressigen Umwelt entzieht, indem es abhebt. Es kann fliegen und orientiert sich im spirituellen Raum. Letzteres sehe ich angedeutet durch die grüne Korona über der Dachspitze.

*   *   *

Angabegemäß hatte ich über 4 Promille Alkohol im Blut, als ich zu meiner ersten Entgiftung in einer der städtischen Kliniken angekommen bin. Es sollte nicht meine einzige Entgiftung bleiben.

Mein Organismus hatte eine Toleranz für das Gift Alkohol entwickelt. Fachleute erkennen daran, dass jemand mit so einem Pegel noch reden und laufen kann, dass eine Toleranzentwicklung und somit ein längerfristiger Alkoholmissbrauch stattgefunden haben muss.

Ich hatte mich – in völliger Verkennung meines Zustandes – mit öffentlichen Verkehrsmitteln auf den Weg in die Klinik gemacht. An einer Umsteige-Haltstelle konnte ich nicht mehr gut genug laufen und bin an einer Säule entlang getaumelt, wo mich eine Passantin ansprach. Dieser Frau habe ich offen gesagt, was los ist, und sie hat mich dann bis in die Klinik begleitet.

Sowas kann auch anders ausgehen, zum Beispiel hätte ich in die Fänge eines gewaltbereiten Schwerkriminellen geraten können. Ich möchte darauf weisen, in welchem Ausmaß man im Rahmen einer Alkoholsucht in blamable und vor allem in äußerst gefährliche Situationen kommen kann.

*   *   *

In der Klinik wurde ich ausgezogen und meine Taschen wurden vollständig durchsucht, um sicherzustellen, dass ich keinen Alkohol oder sonstiges Verbotenes dabei habe. Verboten sind etwa Gegenstände wie Taschenmesser, mit denen man sich oder andere verletzen könnte.

Wie die Aufnahme volltrunkener Patienten für die Klinikmitarbeiter ablaufen mag, kann man sich vielleicht vorstellen. In meiner Erinnerung war da ein Gewirr von fremden und meinen eigenen Armen. Ein einzelner Pfleger wird sowas kaum allein schaffen. Ich muss mich gewehrt und ständig geschwafelt haben.

Insgesamt bin ich in der Klinik gut behandelt worden. Im Frauen-Patientenzimmer dieser Entgiftungsstation waren ca. sechs Betten, von denen mehrere belegt waren. Gespräche mit Ärzten und Pflegern fanden vor allen anderen Mitpatientinnen statt.

Als mein Entzugszittern so schlimm war, dass ich das Wasserglas nicht mehr ohne Hilfe zum Mund führen konnte, bekam ich die erste Ration eines krampfhemmenden Medikamentes. Schwitzen, Blähungen (man ist ja nicht allein im Zimmer), starkes Zittern, Ängste, was auf einen zukommt, sind nur einige der Symptome, die bei einem Alkoholentzug auf einen zukommen. Zudem sah ich immer wieder kleine eckige Schlangen aus Licht, die überall waren, an der Decke, an den Wänden, in der Luft. Ich sah sie auch über mein Laken wandern. Während dessen war mir durchaus bewusst, dass ich gerade entzugsbedingte optische Fehlwahrnehmungen habe.

Im Bett neben mir lag eine junge Frau, die nicht entgiftet werden wollte. In meiner ersten Nacht in diesem Krankenzimmer trommelte diese Frau stundenlang mit den Füßen an die Bettkante, was bei mir Unruhe und schlechte Träume verursachte.

Einmal war mir, als würde ich aus dem Bett schweben. In dieser Vision flog ich an die gegenüber liegende Wand und schaute nach oben. Ich dachte mir erwartungsfreudig, jetzt werde ich gleich sehen, wie es im Himmel ausschaut. Dann war aber – was ich damals bedauerte – die Vision wieder vorbei. Später sagte man mir, dass ich einen prä-deliranten Zustand gehabt hatte.

Mein Zittern hielt eine Reihe von Tagen an. Da ich bald entlassen werden wollte, versuchte ich, es zu unterdrücken oder zu verstecken. Ich glaube, es war nach etwa eineinhalb Wochen, dass ich gehen durfte, weil ich so darauf gedrängt hatte. Man sagte mir, dass man mich lieber noch länger da behalten würde.

Während dieses Klinikaufenthaltes habe ich viel geweint. Jahrelanges Mobbing lag hinter mir und vor mir eine Zukunft, von der ich nicht wissen konnte, ob sie besser werden würde.

Ich wurde darauf hingewiesen, dass ich nur entgiftet sei, aber noch nicht entwöhnt. Daraus habe ich damals – mangels besserer Einsicht – keine richtigen Konsequenzen ziehen können. Felsenfest war ich davon überzeugt, dass ich ab jetzt nie mehr einen Tropfen Alkohol anrühren würde. Ich weiß nicht mehr, ob ich am gleichen Tag wieder zu trinken angefangen habe, oder ob es ein paar Tage gedauert hat.

Mehrere Entgiftungen bin ich durchlaufen, und jedesmal war es dasselbe. Tage lang glaubte ich felsenfest, ab jetzt nie mehr Alkohol anzurühren. Und kaum war ich wieder daheim, ging die Sauferei weiter. Unvermindert.

*　　*　　*

In die Zeit meiner Arbeitslosigkeit fiel ein längerer Klinikaufenthalt. Ich war verzweifelt, wusste nicht mehr, ob ich meine Miete noch lang würde zahlen können, da ich vergeblich versucht hatte, mich selbständig zu machen.

Nach dem Mobbing konnte ich mir nicht vorstellen, jemals wieder einen Vorgesetzten zu haben. Nach meinen Erfahrungen bedeutete dies, einem anderen Menschen gehorchen zu müssen, hilflos der Willkür dieses Anderen ausgesetzt zu sein.
Dass mir für eine berufliche Selbständigkeit vieles gefehlt hat, gute Nerven, genügend einschlägige Berufserfahrung, und diverses anderes, habe ich ausgeblendet. Zudem war ich noch lange nicht vom Alkohol entwöhnt.

Als ich beim Sozialamt anrief, weil ich realisieren musste, dass es finanziell brenzlig wird und sogar meine Mietzahlungen in Gefahr geraten könnten, wurde ich abgewiesen. Auf meine Aussage hin, dass auch beim Arbeitsamt mein Anruf abgewehrt worden war, hat mich die Sozialamts-Mitarbeiterin fast angeschrien: „Hingehen! Nicht anrufen! Hingehen!"

An einem dieser Tage ging es mir morgens so schlecht, dass ich in einem Ärztehaus anrief, woraufhin eine Ärztin zu mir kam. Sie gab mir eine Spritze, sagte, dass ich jetzt gut schlafen können würde, und ging wieder. Bald darauf bekam ich jedoch Panik. In dieser Panik bin ich in die Küche gelaufen mit der Absicht, mir die Pulsadern aufzuritzen. Mein Überlebenswille hat jedoch abermals gesiegt. Ich wollte einen Notruf tätigen, aber genau an diesem Morgen funktionierte mein Telefon nicht. Ich habe dann bei mehreren Nachbarn geläutet, bis eine der Wohnungstüren geöffnet wurde und eine Frau auf meine Bitte hin einen Sanitäter gerufen hat.

Die Sanitäter fuhren mit mir Stunden lang durch die Stadt zu verschiedenen Kliniken. Nachdem mich keine der Kliniken aufnehmen wollte, fuhren sie schließlich entnervt mit mir zur Polizei, mit deren Hilfe ich dann im zuständigen Landeskrankenhaus aufgenommen werden musste. Das war das zweite Mal, dass ich wegen Selbstmordabsichten in eine Klinik gebracht wurde.

*　　　*　　　*

Der mehrmonatige, erst voll-, dann teilstationäre Klinikaufenthalt hat mich sozusagen wieder hergestellt. Es ging mir gut. Vom Arbeitsamt bekam ich ein Coaching (damals gab's das glücklicherweise noch), mit dessen Hilfe ich schließlich einen guten Arbeitsplatz bekam. Unter ca. fünfzig Bewerberinnen für diese Sekretariatsstelle habe ich mich durchgesetzt.

Der stationäre Klinikaufenthalt war gut für mich. Ich war nicht mehr alleine und fachkundige Menschen kümmerten sich um mich. Das dortige Therapiekonzept hat bei mir funktioniert. Weniger gut fand ich die Diagnostik.

Zum einen bekam ich in rauen Mengen Fragebogen vorgelegt, die auch vor Fragen zu vertraulichen Angelegenheiten Angehöriger nicht Halt machten. Zum anderen mussten die Diagnosen zu der Station passen, auf der man sich befand.

Wegen meiner Selbstmordabsichten, und weil keine Klinik mich aufnehmen wollte, war ich polizeilich eingeliefert worden. Deswegen hatte diese Klinik (zuständiges Landeskrankenhaus) eine Aufnahmepflicht. Da gab es halt einerseits überfüllte Bereiche und andererseits Abteilungen, in denen man gerne mehr Patienten gehabt hätte. In Gesprächen mit Mitpatienten über unsere Erfahrungen entstand bei uns der starke Eindruck, dass Diagnosen da schon mal „angepasst" wurden.

Mit dem „Anpassen" von Diagnosen hatte ich auch später wieder zu tun, allerdings im Zusammenhang damit, mir Medikamente verabreichen zu können, die für den bei mir vorliegenden Symptomkomplex (noch) nicht zugelassen waren.

Nichtsdestotrotz hat mir die dortige Therapie sehr gut getan. Die Musiktherapie konnte ich allerdings nur eine Stunde lang mitmachen, bevor sie wegen Sparmaßnahmen leider nicht mehr möglich war.

Drei der Bilder, die ich in der Kunsttherapie gemalt habe, hingen viele Jahre lang über meinem Bett. Sie zeigen Motive wie Herzen, Sonne, lächelnde Gesichter, ergänzt durch Pfeile, die einzelne Motive einander zuordnen, und positive Begriffe wie Geborgenheit, Liebe, Zuversicht, usw.

Auch meine Traurigkeit und Hilflosigkeit habe ich mir von der Seele gemalt. Diese Bilder befinden sich an unauffälligerer Stelle in meinem Wohnraum gestapelt. Wegschaffen will ich sie nicht.

Eines der Bilder ist den Folgen eines potentiellen Alkoholrückfalles gewidmet, sozusagen zur Abschreckung. „Wenn ich wieder saufe" ist die Überschrift. Darauf habe ich einen Totenkopf gezeichnet mit dem Kommentar „Hilfe, dann geht der Fahrstuhl meines Lebens weiter nach unten.

Wenn ich wieder saufe, dann

– droht mir der totale soziale Absturz,
– kriege ich wieder trübe Augen und hängende Mundwinkel,
– töte ich tausende und abertausende Gehirnzellen,

– schäme ich mich wieder,
– vergifte ich mich,
– verdreckt meine Seele,
– schaffe ich keinen gescheiten Job,
– kriege ich keinen gescheiten Mann, weil ich als Alkoholpartne-
rin eine Zumutung bin,
– tue ich meinen Liebsten weh.“

Das ist nur eine Auswahl dessen, was auf diesem Bild steht, und
was ein Rückfall bedeuten würde.

Auch dafür, mich stets an dieses zu erinnern, gehe ich – wie
gesagt – regelmäßig in Selbsthilfegruppen.

Hier ein Auszug aus den positiven Botschaften dieser Bilder:
„Ich Sonne strahle stärker als jeder Schatten.
Ich bin es wert, zu leben.
Ich bin es wert, schön zu leben.
Wem möchte ich heute ein liebes Bussi geben?
Ich darf mich so richtig darüber freuen, wenn ich mich schön
finde.
Es ist ok und erwünscht, dass es mir gut geht.
Schutzengel helfen mir liebevoll und gerne.“

Sätze wie diese erlauben Blicke darauf, welche seelischen Prob-
leme mich damals geplagt haben. Diese Botschaft, dass ich eine
Schlimme bin, wenn es mir gut geht, steckte tief in meinen
Knochen.

Den Satz mit den Schutzengeln („… helfen mir liebevoll und gerne“) wenn ich lese, kommen mir noch heute die Tränen. Wie
muss es in meiner Seele ausgesehen haben, dass ich solche
Trostbotschaften nötig hatte.

Auf einem der Bilder befindet sich eine Amethystdruse, die eine
Türe enthält mit einladend hellem Licht dahinter. Sie steht auf
einem Berg, in den ich mehrere Herzen gemalt habe. Als das
Bild fertig war, fragte mich die Therapeutin, wie viele Geschwister ich hätte. Die Anzahl meiner Geschwister stimmt mit der

Anzahl der Herzen in dem Berg überein. Beim Malen hatte ich aber nicht an meine Geschwister gedacht. Wie immer man dies interpretieren mag.

In der Beschäftigungstherapie bastelten wir alles Mögliche. Tonfiguren und -schalen habe ich mit nach Hause gebracht, ein bemaltes Seidentuch, eine geflochtene Krake, Schmückendes und diverses Anderes. Diese Gegenstände bedeuten mir viel. Sie sind Ausdruck meiner Wünsche und meines kreativen Vermögens, sind Manifestationen meines Daseins. Ich habe sie geschaffen, und sie tragen originär meine Handschrift.

Einen Bumerang habe ich angefertigt, selbst entworfen, ausgesägt und bemalt. Der Kursleiter hatte mir einen Deal angeboten: für jedes Werkstück, das ich anfertige und ihm dalasse, brauche ich für eines, das ich mitnehme, keine Materialgebühren zu entrichten. Er hatte sich einen Bumerang mit Aborigine-Muster gewünscht, an den ich über zwei Wochen lang hin gebastelt habe. Er ist in aufmunternder gelber Farbe gehalten. Das Muster habe ich nach Inspirationen durch Bücher selbst entworfen. Es enthält Bildsequenzen mit aufmunternden und schützenden Inhalten. Heute gäbe ich etwas darum, diesen Bumerang zu bekommen. Ich sollte einfach ganz fest daran denken, dass er wieder zu mir zurückkommt. Während ich dies schreibe, fällt mir ein, dass ein Bumerang ja etwas ist, das wieder zu einem zurückfliegt. Na, ich hoffe mal intensiv.

*   *   *

An dem Arbeitsplatz, den ich mehrere Monate nach diesem Klinikaufenthalt angetreten habe, arbeitete ich mehrere Jahre. Meine Karriere war den Bach hinab gelaufen, aber dort konnte ich als Mensch existieren und morgens mit gutem Gefühl hingehen. Diese Arbeit erledigte ich – wenn ich von meiner gescheiterten Karriere absehe – ziemlich gerne.

Der Arbeitsplatz wirkte stabilisierend auf meine Seelenlage und erhöhte meine Chancen auf langfristige Alkoholabstinenz.

Freilich war mein Alkoholproblem damals noch lange nicht ad acta gelegt. Den eindringlichen Aussagen der Klinikleute folgend bin ich in eine Selbsthilfegruppe gegangen. Damals hatte ich mir echt vorgestellt, dort würden Leute sitzen und schwafelnd vor sich hin trinken. Dem war natürlich nicht so. In diesen Gruppen wird Wasser, Limo, Kaffee, oder was auch immer getrunken, jedoch kein Alkohol.

Schon mein erster Besuch in dieser Gruppe gab mir das gute Gefühl, dass ich hier dazu gehöre, und mich daher niemand ausschließen könne. Dieses Gefühl bezog sich auf eine zwischenmenschliche Zusammengehörigkeit, die mir bis heute gut tut. Aber damals wollte ich noch nicht wirklich dazugehören zu solchen Menschen. Zu Säufern, Abgestürzten, und wie ich mir Alkoholiker damals halt vorstellte.

Nach einigen Monaten hörte ich wieder auf, in die Gruppe zu gehen, und einige Zeit später habe ich weiter getrunken. Diesmal waren es aber viele Monate, die ich ohne „Stoff" ausgehalten habe.

Ich erinnere mich, wie ich – schon einige Zeit wieder berufstätig – gedacht habe, „ach, so eine Flasche Wein oder Sekt am Abend ist doch voll ok". Dabei war in der Gruppe oft gesagt worden, dass eine Sucht einem Fahrstuhl gleicht, der nach unten fährt, den man nicht bremsen, sondern nur verlassen kann.

Grob geschätzt dürfte es noch etwa eineinhalb Jahre gedauert haben, bis ich langsam realisierte, dass ich ein ernsthaftes Alkoholproblem hatte und ich „wirklich„ mit dem Trinken aufhören wollte. Das „wirklich" setze ich in Anführungszeichen, da mein früheres Aufhören-wollen in den jeweiligen Situationen auch wirklich und ernstgemeint war. Aber erst in diesem Winter wurde dieses, es wirklich ernst zu meinen, von Fetzen realen Erkennens durchdrungen, und der Heilungsweg konnte beginnen.

Dieser Weg führte von monatelangen vergeblichen Versuchen, aufzuhören, über mehrere Entgiftungen, einer Therapie und vielen, vielen Besuchen von Selbsthilfegruppen schließlich zum Erfolg. Jetzt lebe ich seit diversen Jahren abstinent. In meinem Leben hat sich viel zum positiven gewendet. Und diese Wendungen hin zu einem besseren Leben werden weitergehen, so lange ich einsichtig genug bin, regelmäßig (mindestens einmal pro Woche) in eine der Gruppen zu gehen und weiter an mir zu arbeiten.

Ich persönlich besuche am häufigsten solche Gruppen, in denen nicht diskutiert wird, sondern Jeder nur von sich selbst erzählt. Jeder darf ausreden, die Beiträge Anderer werden nicht kommentiert oder gar kritisiert. In dieser Atmosphäre fällt es mir leichter, aus den Tiefen meiner Seele zu erzählen, da die Angst vor negativen Konsequenzen dort gegen Null tendiert. Selbst wenn ich nichts erzähle, erfahre ich durch die Geschichten Anderer etwas über mich, da die Lebensläufe und Episoden viele Parallelen aufweisen.

Die Gruppen, in denen diskutiert wird, haben auch enorme Vorteile, da ich in solchem Rahmen konkrete Probleme thematisieren und um Rat fragen kann, der – wie ich es wiederholt erfahren konnte – hilfreich ist. Aber in solche Gruppen habe ich mich erst hinein getraut, als ich mich schon stabiler gefühlt habe, denn dort bin ich der Gruppendynamik mehr ausgesetzt. Kritisiert werden gehört da halt auch mal dazu, und es gibt dort – wie fast überall – nicht nur Leute mit umsichtig-geschliffener Vorsicht im Verhalten.

Besonders wichtig war für mich, dass in den Selbsthilfegruppen nicht so besondere Sozialkompetenzen erwartet werden. Gerade die Angst, mich zu blamieren, hat mich ja davon abgehalten, mich Vereinen oder ähnlichem anzuschließen. Die Trinkerei hat mich vereinsamt. Meine Sozialkompetenzen waren schon vorher nicht gerade überdurchschnittlich, aber während der vielen Jahre des Trinkens erfolgten diesbezüglich noch Rückschritte. Meine Ängste vor Blamage waren mehr als berechtigt.

In den Selbsthilfegruppen braucht man erst mal überhaupt nur soweit dasitzen zu können, dass die Gruppe stattfinden kann. Alles andere kommt schon im Lauf der Zeit. Diese besonders niedrigen Anforderungen an Sozialkompetenzen ermöglichen es einem, selbst dann teilzunehmen, wenn man zig Jahre lang gesoffen hat, und man wegen stark mangelhafter Sozialkompetenzen woanders keinen Einstieg mehr in das soziale Miteinander bewerkstelligen kann. Das ist einer der Gründe, warum die Selbsthilfegruppen so hilfreich und erfolgreich sind.
Während meiner Saufzeit und der ersten Zeit danach fühlte ich mich ziemlich schutzlos. Eine sogenannte dicke Haut habe ich ohnehin nicht, aber in meinen Krisenzeiten war es, als hätte ich nicht mal eine dünne.

In den Gruppen wurde immer wieder mal ausgesprochen, dass man mit zunehmender Nüchternheit mehr Egostärke bekommt. Das habe auch ich erfahren.

*　　*　　*

Häufig hörte ich von der Unterscheidung zwischen trocken sein und nüchtern sein.
Das Hirn lernt stetig dazu. Auch kranke Verhaltensweisen schleifen sich ein, prägen Gedächtnisspuren. Wenn ich nach jahrelangem überhöhten Alkoholtrinken aufhöre, dies zu tun, funktioniert mein Hirn nicht von einem Tag auf den anderen wieder, als hätte es nie einen Tropfen Alkohol gesehen. Die breitgetretenen Spuren alkoholisierten Denkens liefern erstmal weiterhin ihr alkoholtypisch Gewohntes.

Neue Verhaltensweisen musste ich mir angewöhnen. Es genügte nicht, Denkmuster aus der Zeit vor der Alkoholsauferei wieder zu aktivieren, denn diese Muster haben mich in die Sucht geführt.

Für das Erlernen neuer Muster habe ich eine suchtspezifische Therapie absolviert und gehe in die Selbsthilfegruppen.

Die Therapien haben mir sehr viel gebracht. Therapeuten sind dem Kostenträger verpflichtet, aber abgesehen davon sind sie unabhängig und kennen andere Akteure im Leben des Klienten üblicherweise nicht. Sie müssen es keinem konkreten Arbeitgeber oder sonst wem recht machen und können sich voll auf die Unterstützung des jeweiligen Klienten einlassen. Abgesehen von kurzzeitigeren Konsultationen machte ich meine erste Therapie einige Jahre nach dem Studium, als das Mobbing voll am Laufen war und ich mit den Nerven fertig. Die Therapie führte ein in Ausbildung befindlicher Verhaltenstherapeut in einer Universitätsklinik unter Supervision durch. Damals kam auch das Missbrauchsthema auf, von dem ich bis dato keine Ahnung gehabt hatte.

Noch während des Studiums habe ich Abhandlungen über Kindesmissbrauch gelesen und mich davon in keinster Weise betroffen gefühlt.

Auf diese Therapiestunden habe ich mich stets gefreut, sie waren mein Anker in dieser psychisch stark belasteten Zeit. Nicht nur das Mobbing setzte mir zu, sondern insbesondere seit langem bestehende Ängste, die Ausdruck tiefer seelischer Verwundungen waren.

Danach machte ich nochmal eine Verhaltenstherapie bei einem männlichen Therapeuten und wechselte schließlich auf dessen Anraten zu einer analytisch orientierten Therapeutin, die sich auch mit sexuellem Missbrauch auskannte. Im Nachhinein denke ich allerdings, dass sich diese Therapeutin mehr auf den emotionalen Missbrauch in meiner Familie konzentriert hat als auf den physischen. Abgesehen davon war ihr Hauptjob ohnehin, mich durch diese gefährlichen Mobbing-Gewässer zu lotsen. Das ist ihr gut gelungen. Später war ich, wie gesagt, wieder berufstätig, habe die Trinkerzeit hinter mir lassen können und sehe heute überwiegend zuversichtlich in meine Zukunft.

Die Therapeuten waren meine Stütze und mein Anker. Sie waren die Leuchttürme, die mich durch dunkelste Lebensabschnitte gelotst haben.

Vieles konnte ich aussprechen. Wie Trüffelschweine gruben die Therapeuten in meiner Seele nach Inhalten, die sich als für mich fruchtbares Ackerland erwiesen oder sich in solches umwandeln ließen.

Als ich einen Geliebten hatte – wie für mich üblich nur kurz, ein paar Monate – sprach ich mit der Therapeutin auch über meine diesbezüglichen Ängste. Das erwies sich als hilfreich.

Einmal schilderte ich einen Traum, in welchem ich am Strand Muscheln und sonstiges Schönes gefunden hatte, und die Therapeutin interpretierte diese Fundstücke als meine inneren Ressourcen. Daran denke ich gerne. Diese Interpretation hatte für mich eine stabilisierende Wirkung.

Gerade jetzt, wo ich dieses niederschreibe, fällt mir ein, dass ich Muscheln besonders gerne mag und einige gesammelt habe. Wobei für mich reisefaule Städterin der Meeresstrand ersetzt wird durch Kaufhäuser und Märkte. Sorry: ich weiß, es ist unromantisch.

Diese Tiere faszinieren mich grenzenlos. Ein Mollusken-Bestimmungsbuch und weitere Werke zu dem Themenkomplex stehen in meinen Bücherregalen. Allerdings interessieren mich hier weniger biologische Klassen als mythische und symbolische Deutungen und beispielsweise Meditationen mit Vorstellungen von spiralenförmigen Bewegungen. Spiralen sehe ich dabei sinnbildlich für Entwicklungen und für Entwicklungsmöglichkeiten.

In einem meiner Träume, die mich besonders faszinierten, sah ich unter dem Schreibtisch an dem Mobbing-Arbeitsplatz viele schillernde Labradorit-Steine, die im Traum mir gehörten. Es waren so viele, dass ich nicht alle mitnehmen konnte. Diese

Steine interpretiere ich als Fähigkeiten von mir, auch spiritueller Art.

*   *   *

In der Sucht-Entwöhnungs-Therapie wurden uns vorab die The-rapie-Bausteine mitgeteilt. Neben sachlichen Informationen über Alkoholismus gab es unter anderem das Auffinden und Entwickeln eigener Ressourcen, Verbesserung der Stress-Kompetenz, Entspannungstraining sowie Umgang mit Kränkun-gen.

Schön war in der Therapiegruppe, mit Menschen zusammen zu sein, die alle das gleiche Problem hatten. Hier konnten wir uns in Gesprächen austauschen, uns im Rollenspiel erfahren und eine nicht unerhebliche Etappe unseres Lebens mit gegenseiti-ger Unterstützung gehen.

Wichtig dabei war die Leitung durch Therapeutinnen. Ich gehe davon aus, dass ich nicht die einzige Alkoholikerin bin, die Prob-leme im Umgang mit Menschen hat. Wegen Einsamkeit habe ich getrunken, und das Trinken hat mich noch einsamer werden lassen. Der bekannte Teufelskreis.

Übrigens bezeichne ich mich bewusst auch jetzt, da ich seit Jah-ren keinen Alkohol mehr konsumiere, als Alkoholikerin, genauer gesagt, als „trockene Alkoholikerin". Denn mein Hirn hat den Suchtprozess durchgemacht und Verbiegungen erfahren, die mich scheints ein Leben lang anfälliger sein lassen. Nichts be-schönigen, lautet das Motto, und wachsam bleiben.

*   *   *

Die Gruppentherapie begann damit, dass sich jeder von uns aus einer großen Schale, die mit Steinen und Muscheln gefüllt war, etwas nehmen sollte, mit dem wir dann eine weitere Übung durchführten. Mich erinnert das an Ursprünge des Menschwerdens, an das Herauskommen aus dem Wasser und mit seinen Sinnen die vorgefundene Umwelt begreifen. Um sich blicken und schauen, was zu finden ist. Einzelnes in die Hand nehmen, befühlen und es sich genauer anschauen. Überlegen, was man brauchen könnte.

In Kontakt treten mit meiner Umwelt.

Ich denke an den Traum, in dem ich mein wirkliches Ich als mit einer echsenartigen Ritterrüstung verbarrikadiert gesehen habe. Der sexuelle Missbrauch und die darauf folgenden Schikanen in meiner Familie haben bewirkt, dass ich mich zurückgezogen und in meinem Inneren verschanzt habe. Die Therapie hat mich aus diesem Bunker herausgelockt. Hinein in eine Gruppe, in der aufgrund der behutsamen therapeutischen Leitung das Risiko, erneut verletzt zu werden, geringer war.

Den Wert des geschützten Therapierahmens als Umfeld für das Erlernen neuer, positiver Erfahrungen mit anderen Menschen kann ich nicht hoch genug schätzen.

Hier ging es zwar auch um das Erlernen eines fruchtbareren Sozialverhaltens. Aber noch mehr ging es um Heilung in tieferen seelischen Schichten. Es galt, in der Seele dorthin zu gelangen, wo Handlungsmotivationen entstehen und wirksam werden.

Ein für mich wichtiger Baustein der Suchttherapie war die Aktivierung meiner Ressourcen. Einerseits ging es darum, mir der Ressourcen, die ich bereits besitze, bewusst zu werden. Und andererseits darum, diese Ressourcen auszubauen und neue zu schaffen. Zu diesen Ressourcen zählen Familie, Freunde und sonstige unterstützende Personen ebenso wie meine persönlichen Fähigkeiten und Chancen.

Ich erinnere mich an eine geführte Gedankenreise, in der wir einen imaginierten Garten aufsuchten. Auf einer Seite dieses

Gartens befanden sich stressende Umstände und Personen, auf der anderen unterstützende. Damals war ich überrascht, wie viel Unterstützendes sich mir da zeigte.

Eine Freundin zum Beispiel, deren Kommentar „Du schaffst das !" von einem wirklichen Glauben an meine Fähigkeiten herrührte. Oder die Zähigkeit, mit der ich meinen Weg gegangen bin, und mich noch immer – wenn auch nach leidvollen Erfahrungen – wieder auf die Beine gebracht habe. Oder die große Verwandtschaft, in die mein Leben eingebettet ist. Trotz aller Konflikte, die es gab, und die es immer wieder geben wird, erschien die Verwandtschaft in meiner Vision auf der unterstützenden Seite.

Der Garten war auch schön und sonnig, voller Pflanzen, und es gab entspannende Sitzgelegenheiten.

Wichtig für mich ist die Erkenntnis, dass meine Lebenssituation oftmals nicht so tragisch ist, wie ich sie empfinde. Es ist ein für mich typischer Angstmechanismus, nicht nur ständig an das Angstauslösende denken zu müssen, sondern mir in fast zwanghaften Gedankenketten alle möglichen düsteren Ereignisse vorzustellen. Auch ist mir der Zugang zu meinen Ressourcen in schwierigen Situationen oftmals versperrt.

Diese Meditation mit anschließender Besprechung war eine der Übungen, die mir halfen, mir meiner Macht, das Leben zu meistern, bewusster zu werden. Genau das Richtige für so einen Angsthasen wie mich.

Überhaupt wurde in der Therapie unsere Wahrnehmung immer wieder darauf gerichtet, was unser Leben schön macht, womit wir uns Freude bereiten und wie wir Stress abfedern können. Wie wir unser Dasein mit Sinnesfreuden bereichern können.

Zum Beispiel gab es die Aufgabe, darüber nachzudenken, was wir gerne sehen, hören, riechen, fühlen und schmecken. Unseren Fundus betrachteten wir anschließend in der Gruppe und überlegten, wie wir solche Sinneserlebnisse mehr in unseren

Alltag integrieren können. Die Therapie war auch eine Lebensschule.

*   *   *

Auf meinem Spickzettel, was ich über die Therapie noch schreiben möchte, steht auch das Zulassen von Gefühlen und Sinneswahrnehmungen.

Bekanntermaßen erfüllen Gefühle wichtige Funktionen in der Regulierung des Seelenhaushaltes und für Entscheidungen (z. B. Widerspruch bei unfairen Urteilen). Gefühle verbinden mein Bewusstsein mit den essentiell notwendigen Funktionen meiner Instinkte. Gefühle verhelfen diesen lebenserhaltenden Mechanismen zum Erfolg oder sollen das zumindest. Ich konnte meine Gefühle weitgehend nicht mehr wahrnehmen.

Da mir dieser wichtige Anker fehlte, schlingerte ich wie ein Stück Treibholz auf den Wellen dessen, was um mich herum geschah. Haltlos wogte ich in diesen Fluten aus den Wünschen, den Forderungen, den Geboten und Erfordernissen, dem Seelenmüll vieler Mitmenschen, und was uns alles so umgibt.

Mein Halt war die Flucht in den Alkohol. Die Flucht an die Grenze des Todes. Ich surfte auf der Welle, die in den Abgrund strömt.

Ich erinnere mich, dass wir in einem Seminar während des Studiums einmal einen Fragebogen ausfüllen sollten. Der Fragebogen enthielt auch Fragen, mit denen abgeklopft werden sollte, ob die Antworten insgesamt glaubhaft sind. Wir wussten, dass niemand außer uns selbst die Antworten lesen würde. Trotzdem musste ich nach der Auswertung feststellen, dass ich so viele Antworten erwartungswidrig gegeben hatte, dass das Ergebnis des Fragebogens als nicht vollständig glaubhaft gewertet werden konnte. Ich hatte die Fragen aber nach bestem Wissen und

Gewissen richtig beantwortet. Und wie gesagt wusste ich schon vorher, dass niemand außer mir selbst meine Antworten lesen würde. Ich finde, das sagt viel darüber aus, wie sehr ich psychische Inhalte sogar vor mir selbst verleugnete.

Ich konnte meine Gefühle nicht gut zulassen, hatte vielfach Probleme damit, sie überhaupt wahrzunehmen. Schmerzen wegen Verlassenwerdens hatte ich irgendwann erfolgreich weggedrückt, weil sie mich so sehr belasteten. Nur als Beispiel. Im Verdrängen war ich meisterhaft. Gerade frage ich mich, woher ich wissen will, inwieweit ich auch heute noch verdränge. Ich muss stets achtsam sein und – so gut es geht – ehrlich im Umgang mit mir und meinen Angelegenheiten.

In jüngeren Jahren mag es sinnvoll gewesen sein, nicht oder nur schwer erträgliches wegzudrücken. Der Umgang mit Konflikten war in unserer Familie sehr belastend und vielfach ergebnislos. Sowas wie Psychotherapie war wohl als schandhaft betrachtet worden. Ich glaube, damals war Psychotherapie auch nicht üblich. Jedenfalls gab es für mich keine genügend fruchtbare Hilfe.

Rückblickend sehe ich, dass ich frühzeitiger längerfristige Psychotherapie gebraucht hätte. Das Mobbing und die Bewältigung aktueller Probleme haben die zu späten Therapien aufgesogen. Die Therapien haben mir geholfen, zu überleben, aber die Aufarbeitung meiner umfänglichen Seelenlasten ist dabei teilweise auf der Strecke geblieben.

*   *   *

Einer der Bausteine der Alkoholismus-Therapie war dem Umgang mit Kränkungen gewidmet. Während dieser Therapiestunden wurde mir bewusst, im welchem Umfang meine gesamte Kindheit von Kränkungen durchsetzt war.

Ich hatte schwere Angstzustände und viele weitere Probleme: mich ausgeschlossen fühlen, innere Einsamkeit, unterdrückt werden, geringes Selbstwertgefühl, usw. Darüber zu reden, war aber nicht drin. Der emotionale Missbrauch durch meine Mutter lief, seit ich mich erinnern kann. Er beinhaltete die Botschaft, dass meine Bedürfnisse, egal, wie schmerzhaft sie drängten, denen meiner Mutter unterzuordnen waren. Als wäre ich ein Mensch zweiter Klasse. Es wurde getan, als wäre alles, was mir widerfahren ist, völlig in Ordnung.

Die eingefahrenen Verhaltensweisen, mich gegen Unterdrückung und weitere Kränkungen nicht wehren zu können, haben mir auf meinem Lebensweg viele weitere Kränkungen eingebracht. Für Viele war ich das berühmte Schlupfloch im Zaun menschlichen Abwehrverhaltens, das potentielle Schikanierer wie mit einem siebten Sinn orteten.

Die hochgradigen Kränkungen in meiner Kindheit bestanden unter anderem darin, mich verantwortlich zu machen für meine Reaktionen auf die Gewalttaten (die ja ignoriert wurden), sowie für die Probleme, die sich daraus für mich und für die ganze Familie ergaben. X. hat mich jahrelang fertig gemacht, wo er konnte. Und meine Mutter gab nicht selten seinen Helfer, wenn auch aus anderen Motiven. Sie hat halt nach so manchem Strohhalm gegriffen, um Familie und Haushalt bewältigen zu können.

Wichtig war für mich, eine innere Distanz aufzubauen und zu stärken. Mich abzunabeln und auf eigenen Beinen für mich einzustehen. Das ist exakt das, was mir besonders schwer fiel. Selbstbehauptung wurde mir aberzogen. Und die Vergewaltigungen transportierten die Botschaft, ich würde keine achtenswerten Grenzen besitzen, nichts Achtenswertes beinhalten, nichts Achtenswertes sein.

Meine Mutter davon zu überzeugen, dass sie ihre eigenen Probleme anderweitig (zum Beispiel im Rahmen einer Therapie) bearbeiten sollte, anstatt sich emotional von ihren Kindern bedienen zu lassen, habe ich nicht geschafft. Heute lebe ich mein eigenes Leben und achte darauf, meine mühsam erarbeitete emotionale Selbständigkeit zu halten.

Die Therapie in einer Gruppe war ein wohltuender Ausgleich, der mich weiter lernen ließ, wie heilsam ein soziales Gefüge sein kann. Auch das Mobbing, das ja im sozialen Kontext stattfand, hatte mich weiter traumatisiert. In meinem Leben gab es auch früher schon viele positive Erfahrungen mit anderen Menschen, z. B. im Rahmen von Freundschaften oder im Beruf, und auch in meiner Herkunftsfamilie selbst. Aber diese waren nicht so stark, wie ich es gebraucht hätte.

Um vor allem den in meiner Herkunftsfamilie erlittenen Kränkungen den Stachel zu nehmen, war es für mich wichtig, sie aufzuschlüsseln in Motive, Taten und Folgen dieser Taten. Dieses geballte Konglomerat an körperlicher Gewalt und seelischer Unterdrückung, dass ich nur wenig sprechen durfte, für schuldig befunden wurde, dass mein Wohlergehen nachhaltig verhindert wurde, usw., musste in seiner Gesamtheit aufgesprengt werden. In den Therapien wurde es zerlegt und sortiert.

Ich kann nicht sagen, dass es Stück für Stück analysiert wurde, denn das hätte wohl nochmal mehrere Jahre in Anspruch genommen. Das war aber auch nicht nötig. Es war wie beim Überqueren eines Berges: Irgendwann ist man auf der Spitze, sieht klar das ganze Gebilde und erkennt dessen Struktur. Und man sieht den besten Weg, es zu bewältigen. Dann purzeln die Erkenntnisse, die Seele wird leichter und setzt an, zu fliegen.

Während ich dies schreibe, erinnere ich mich an die Garuda-Mudra[3], die nach dem mystischen Vogel Garuda benannt ist. Diese Mudra habe ich zeitweise regelmäßig geübt, und sie hat mir geholfen. Ich stellte mir vor, ich würde wie ein großer

---

[3] In: Gertrud Hirschi, Mudras – Yoga mit dem kleinen Finger. Siehe Literaturverzeichnis am Ende des Buches.

Raubvogel durch die Lüfte schweben, mein Leben von oben anschauen und die geeignetsten Wege finden, es zufriedenstellend zu bewältigen.

Wichtig für mich ist meine Haltung, dass ich nicht über den oder die Täter richten muss. Meine Aufgabe ist es, mein eigenes Leben zu managen und zu verantworten. Die Taten der Anderen – so grausam sie gewesen sein mögen – haben diese Anderen zu verantworten. Das Täter-Opfer-Band zwischen diesen Menschen und mir wurde in der Therapie durchschnitten und rituell begraben.

Was die Motive der Täter anlangt, war für mich vor allem die Einsicht wichtig, dass es überhaupt Gründe gab für deren Taten, die in den Tätern selbst verortet waren. Diese Gründe analysieren, das kann ich, wenn mir danach zumute ist.
Hier gilt: *Müssen* tu ich gar nix!
Bewältigen muss und will ich mein eigenes Leben. Aber nur das.
Die ‚Tatfreudigen' können ihre eigene Suppe gerne selber auslöffeln!

Während ich hier von ‚Tatfreudigen' schreibe, erscheinen diese Menschen vor meinem geistigen Auge mit zutiefst rot geränderten Augen. Mir ist völlig klar, dass auch deren Leben überfüllt war mit schwer Bewältigbarem. Aber den inneren Druck, den dieses schwer Bewältigbare denen verursacht hat, auf eines der schwächsten Mitglieder der Gruppe, ein kleineres der Kinder, drauf zu kübeln, …..
Da fehlen mir die Worte. Noch heute.

Für mich gehört es auch zur Bewältigung, dass ich die Geschehnisse annehme als etwas, das nun mal passiert ist, und das sich nicht mehr rückgängig machen lässt.

Jedenfalls habe ich es überlebt. Und ich denke mir, Gott wird schon wissen, warum ich in diesem Leben diese Lernaufgaben bekommen habe.

Ja. Auch Gott und das Jenseits müssen bei mir herhalten zur Bewältigung dieser erlittenen Gewalt.

Und natürlich stellen sich mir Fragen nach der Rolle, die ich – ‚gesegnet‘ mit den Folgen dieser Ereignisse – in einer Gesellschaft einnehme.

Einerseits sind da archaisch tief gründende zwischenmenschliche Erfahrungen. Andererseits habe ich eine hochgradige Überempfindlichkeit. Inwieweit diese Überempfindlichkeit ein Teil des posttraumatischen Belastungssyndroms ist oder angeboren, oder beides, vermag ich nicht einzuschätzen. Hier war für mich das Buch von Parlow über Hochsensibilität[4] sehr hilfreich. Darin fand ich viele Erklärungen und Denkimpulse, die mir halfen, mein Alltagserleben einzuordnen, ohne mir selbst irgendwelche behaupteten Schwächen attestieren zu müssen.

Mir kommt es darauf an, mich nicht mehr als lästigen und überflüssigen Menschen sehen zu müssen, so wie es mir in meiner Kindheit und noch lange danach vermittelt wurde. Wo immer der Wert meines Lebens liegt: Ich habe ihn mit meinem Leben per se erhalten, so wie jeder andere Mensch auch. Und kein Mensch kann mir diesen Wert absprechen. Niemand.

Das nieder zu schreiben erinnert mich wieder an diese Therapiegefühle, einen stark beschwerenden, mit spitzen Nägeln bespickten, düsteren Mantel endlich abgeworfen zu haben und frei zu sein. Wieder fällt mir der Garuda-Vogel ein.

Diese befreiende Entwicklung dauerte viele Jahre lang. In den Therapien mussten ja für hofrecht aktuelle kritische Ereignisse bewältigt werden, zusätzlich zum Ausgraben und Bearbeiten der tiefer liegenden Probleme. Ein Mega-Projekt war das.

Aber es hat sich gelohnt. Schwierige Umstände gibt es auch jetzt noch in meinem Leben. Aber ich bin großenteils befreit von den psychischen Lasten dieser unseligen frühen Gewalt. Ich

---

[4] Siehe Literaturverzeichnis am Ende des Buches.

kann meinen Alltag angehen auf der Basis eines befreiten und gestärkten Selbstwertgefühls. Ein stabil erlerntes Repertoire an Problemlöse-Strategien, sowie gestärkte Sozialkompetenzen stehen mir nun zur Verfügung. Ich bin psychisch gesünder und brauche keinen Alkohol mehr anzurühren.

Immer wieder aufbauend ist die Erfahrung, wenn die Früchte meiner seelischen und geistigen Weiterentwicklung mit Glücksgefühlen im Gepäck daher kommen.

*   *   *

Typisch für mich war morgendliches Missgestimmtsein mit Frust und Ängsten. Gut ist, dass ich zwischenzeitlich gelernt habe, Gedankeninhalte aus Phasen mit schlechter Laune für mich zu behalten und nicht an meine Mitmenschen hin zu reden. Damit schütze ich meine Sozialkontakte.

Viele Jahre lang arbeitete ich daran, meine negativen Gedankenketten durch positive zu ersetzen. Inzwischen klappt das recht gut.

Durch die Lektüre verschiedener Bücher, aber auch durch Lernprozesse in Therapien, Selbsthilfegruppen und Anderem habe ich diverse dysfunktionale Überzeugungen in meinem Unbewussten erkennen und – zumindest weitgehend – abstellen können. Eine dieser Fehlüberzeugungen war zum Beispiel die, dass ich eine Ungeheuerliche bin, wenn ich es mir gut gehen lasse. In den Kursen zu autogenem und mentalem Training, die ich in jungen Jahren bei dem Heilpraktiker besucht hatte, habe ich Grundlegendes zur Anwendung heilsamer Autosuggestionen gelernt. Etwa, dass ich stets positive Formulierungen verwenden soll. Nicht „es geht mir nicht schlecht", sondern „es geht mir gut". Ist ja nichts Neues.

Als besonders hilfreich hat sich für mich folgende Sequenz her-
ausgestellt: „Es geht mir gut. Es *darf* mir gut gehen und es
kann mir gut gehen."

Wenn ich so genervt bin, dass ich mich gedanklich gerade auf
nichts anderes einlassen kann, wiederhole ich solche Sätze gebetsmühlenartig.

In meinem Alltag packe ich alles Mögliche in Autosuggestionen,
etwa „ich bin gesund.", „mein Körper regeneriert sich", „meine
Seele regeneriert sich", und so weiter. Was ich esse und wie viel
Sport ich treibe, kann ich mit sowas durchaus beeinflussen. Dafür muss ich die Autosuggestionen aber schon eine Zeit lang
nachhaltig wiederholen.

Als ich mit Alkoholtrinken aufhören konnte, waren monatelange
Autosuggestionen vorausgegangen mit Inhalten wie „ich will es
schaffen, ich will es, ich will es, ich will es !!!" Habe mich richtig
hinein gesteigert in dieses Wollen. Habe mich teilweise extra
nur dafür auf die Couch gesetzt, um mir dieses Wollen anhaltend und inbrünstig einzubläuen.

Gleichzeitig habe ich es auch als Wunsch an Gott gesehen, wie
ein Kind, das an die Eltern hin bettelt, „ich will ein Fahrrad, will
ein Fahrrad, will ein Fahrrad". Trotziges mit dem Fuß aufstamp-
fen. „Will ein Fahrrad, will ein Fahrrad, …….". Habe an Gott und
an mein Inneres appelliert mit der Kraft eines „Ein *Nein* akzep-
tiere ich nicht mehr".

Das Wollen allein hat nicht gereicht, um abstinent zu werden.
Nötig war es aber trotzdem.

In der Sucht-Therapie hatten wir einmal die Aufgabe, unsere
Ressourcen auf buntes Papier zu schreiben, es auszuschneiden
und das Ausgeschnittene zu verschiedenen Säulen zusammen-
zukleben. Jede Säule repräsentierte eine Ressource. Diese
Übung hat mir so gut gefallen, dass ich sie zu Hause wiederholt
habe und die Säulen länger in einem Regal stehen hatte, an

dem ich täglich x-mal vorbeigehe. Damit das Bewusstsein meiner Ressourcen nachhaltiger in mein Unbewusstes einsickert.

Überlegen, was mir gut tut, und was ich meiden sollte, waren wichtiger Bestandteil der Therapie. In zahllosen Bildern und Übungsblättern habe ich diese Erkenntnisse und Bewusstwerdungen jetzt vorliegen und kann sie anschauen, wenn ich möchte. Vieles ist schön bunt und so gebastelt, dass ich es gerne anschaue.

Während meiner Klinikaufenthalte konnte ich Kunsttherapie und verschiedene Formen von Beschäftigungstherapie erleben. Das hat mir sehr gut getan. Insbesondere aber habe ich dadurch gelernt, dass mich kreative Betätigung stark seelisch nährt. Meine gemalten, getöpferten und sonstwie gebastelten Arbeiten stellen kaum besondere künstlerische Werke dar. Dennoch zeigen sie mir, dass ich mich fruchtbar beteiligen kann am gemeinsamen Gestalten unserer Kultur. Damit schreite ich weiter heraus aus meiner inneren Ein-Igelung. Diese Werke kann ich anschauen und anfassen. Ich liebe sie. Therapeutisch gesehen bilden sie in meiner Wohnung diverse Anker, die mich emotional anbinden an die aufbauenden Botschaften dieser Therapien.

In einer der Nachsorge-Gruppen haben wir einen Stein bemalt und verziert. Meiner liegt jetzt in der Küche vor einem Schubladenkasten, wo ich ihn täglich mehrmals sehe. Dieser Anker erinnert mich an das Positive, das wir uns in den Therapie- und Nachsorge-Gruppen erarbeitet haben. Auch die Erinnerungen an das friedliche Beisammensein und an den Gruppen-Zusammenhalt gehören dazu. Das positive Gruppenerleben und die Heilungserfahrung bilden jetzt weitere wichtige Ressourcen. Sie ankern als Schatz in den Tiefen meiner Seele.

*   *   *

Irgendwann tauchte im Rahmen der Entwöhnungs-Therapie die Frage auf, wann in meinem Leben ich die Suchtentwicklung hätte aufhalten können. Mit dem, was ich inzwischen am eigenen Leib erfahren habe, kann ich zwei markante Stationen nennen.

Als ich einmal einen Fragebogen zu Alkoholismus ausgefüllt und als Ergebnis gesehen hatte, dass ich gefährdet bin, hätte ich therapeutische Hilfe aufsuchen müssen oder in Selbsthilfegruppen gehen oder wenigstens mit einem Arzt darüber sprechen. Eine andere Frage ist allerdings, wie groß damals die Chance gewesen wäre, mehr Hilfe zu bekommen als den Ratschlag, weniger zu trinken.

Damals kam es mir aber völlig unmöglich vor, diesbezüglich etwas zu unternehmen. So nach dem Motto, ich doch nicht, ich bin doch eine anständige und kompetente Person. So sah damals mein vordergründiges Selbstbewusstsein aus, das mir mein Unbewusstes aber nicht genügend abkaufen konnte.
Wie gesagt, Alkoholiker haben – leider noch immer vielfach – nicht gerade das beste Image. Darum habe ich mich mit Händen und Füßen dagegen gewehrt, es für mich anzunehmen. Dadurch habe ich wertvolle Lebenszeit verloren, die ich hätte nüchtern verbringen können, anstatt immer tiefer in die Sucht hinein zu rutschen.

Dieses Nichtakzeptieren meiner ernsten Alkoholprobleme war auch der Grund, warum ich nach meinem mehrmonatigen Klinikaufenthalt damals nach dem Mobbing nicht, wie empfohlen, längerfristig in Selbsthilfegruppen gegangen bin. War nur einige Monate dort und habe mir dann gedacht „ich doch nicht, ich bin keine von *denen*" usw.
Dieses markiert den zweiten nennenswerten Punkt in meiner Suchtgeschichte, an dem mir die Sucht deutlicher ins Bewusstsein gebracht wurde. Wie zuvor dem Fragebogen-Ergebnis, so hätte ich hier den Aussagen der Ärzte und Therapeuten glauben sollen und entsprechende Konsequenzen ziehen.

Gerade damals, als ich arbeitslos war, hätte ich viel Zeit gehabt und täglich in Gruppen gehen können. Auch wegen meiner Einsamkeit wäre das definitiv das Richtige gewesen.

Zahllose Rückfälle, zeitweise starkes Trinken, mehrere Entgiftungen, Arbeitgeber informieren, soziale und finanzielle Probleme sind nur einiges, das mir hätte erspart bleiben können, hätte ich wenigstens damals, nach meinem mehrmonatigen Klinikaufenthalt, die richtigen Konsequenzen gezogen.

Aber mangels besseren Wissens habe es falsch gemacht. Dass ich jetzt über diese Ereignisse so offen rede, hat auch das Ziel, die Tabuisierung solcher Themenbereiche zu schwächen, damit andere Menschen mehr Chancen erhalten, früher in ihrem Leben – oder überhaupt – die Kurve zu kriegen.

Diese Einsichten sind aber auch für mich selbst besonders wichtig, damit mir wenigstens jetzt wirklich klar ist (und bleibt !!!), wie wichtig die Gruppenbesuche sind.

Auch über den Sinn von Lebenskrisen haben wir in dieser Therapie philosophiert, nach dem Motto „Krise als Chance". Wir überlegten, was durch die Krisen möglich geworden ist.

Einen Arbeitsplatz in einem Umfeld, das meinen Neigungen um Klassen mehr entspricht als das vorherige, hat mir die mobbing- und krankheitsbedingte Neuorientierung auf jeden Fall eingebracht.

Darüber hinaus zwingt mich die Alkoholsucht, stetig an mir zu arbeiten. Meine Seeleninhalte zu reflektieren, meine Seelenräume auszumisten und mit fruchtbareren Inhalten zu füllen. Ich werde ein sozial kompetenterer Mensch, als ich es vorher war, und habe – wenn ich dabei bleibe – hohe Chancen auf ein zufriedenes Leben.

Jedoch schaffe ich es nicht, – wie Manche – zu sagen, ich sei froh, Alkoholikerin zu sein. Es hat aber schon was, wenn ich Aussagen höre wie diese: „Neulich habe ich XY getroffen. Der redet noch immer den gleichen Schmarren wie vor fünfzehn Jahren. Da sehe ich, was mir die Gruppen gebracht haben."

Der Alkoholismus zwingt mich, an mir zu arbeiten. Tue ich es nicht, sterbe ich frühzeitig körperlich und noch frühzeitiger seelisch-geistig.

Einen nicht gerade friedlichen oder imageträchtigen Tod.

Da die Therapie ambulant und berufsbegleitend stattfand, konnte ich Alltagserlebnisse aktuell aufarbeiten, Erlerntes ausprobieren und die Erfolge oder Hemmnisse zeitnah besprechen. Das fand ich besonders hilfreich. Einiges konnte ich in den begleitenden Einzeltherapie-Sitzungen bearbeiten, die zu diesem Therapiekonzept gehörten.

In der Therapie wurde uns mit verschiedenen Übungen unsere Handlungsfähigkeit bewusst gemacht. Unter anderem machten wir Brainstorming diesbezüglich, was uns stärkt und wie wir uns das beschaffen können (beispielsweise Sozialkontakte, Naturerleben, Hobbies, Entspannung, Weiterbildung, usw.). Unsere Ergebnisse zeichneten und schrieben wir meistens auf. Bei diesen Übungen wurde mir klar, in welchem Ausmaß ich mir selbst Wohltuendes vorenthalten hatte.

Indem ich nun mehr und mehr die Verantwortung für meinen Erfahrungshorizont übernahm, trat ich aus der Opferrolle heraus. Das verringert auch meine emotionale Verwundbarkeit. Die wichtige Frage lautet stets: Was kann ich **jetzt** für mein Wohlergehen tun?

Als Erwachsene kann ich diese Verantwortung übernehmen. Als Kind, das seelischer und körperlicher Gewalt ausgesetzt war, hätte ich etwas anderes gebraucht.

Wichtig ist auch, dass ich in den Therapien lernte, Konflikte anzusprechen, anstatt sie runterzuschlucken. Der Begriff „runterschlucken" erfüllt bei mir Alkoholikerin ja, wie gesagt, zwei Bedeutungen.

*   *   *

Rückfälle lehren einen etwas. In einer der Entgiftungen suchten wir in den Besprechungen von Rückfällen nach dessen Vorboten. Emotionale Instabilitäten zeigten sich bei mir unter anderem in Ängsten, innerer Unruhe, viel essen und viel fernsehen.

An meinen Arbeitsplätzen rackerte ich lange Zeit meistens durch, ohne mir Pausen zu gönnen. Aber niemand hatte mir verboten, die üblichen Verschnaufpausen einzulegen. Ohne äußeren Druck hetzte ich mich ab, als wäre der Leibhaftige hinter mir her. Und abends dann beklagte ich meine gravierende Erschöpfung. Als mir dieses bewusst geworden war, gewöhnte mir an, regelmäßige Pausenzeiten einzuhalten.

Meine Rückfälle und mein Alkoholismus überhaupt hatten auch damit zu tun, dass ich meine Bedürfnisse nicht erkennen konnte. Gravierende schmerzliche Erfahrungen habe ich weggedrängt und ignoriert. Auf Ängste habe ich mit Suchtmittelkonsum reagiert, anstatt hinschauen zu können, wo das Problem wirklich liegt.

Ziel der therapeutischen Gespräche war es auch, uns zu sensibilisieren für die Anzeichen kritischer Befindlichkeiten. Dass ich zum Beispiel innehalte und überlege, wenn ich realisiere, dass ich gerade übermäßig fernsehen oder essen möchte, oder ohne konkreten Anlass unruhig bin, oder nachhaltiger nicht weiß, wohin mit mir.

Für alle Fälle haben wir uns eine Liste erstellt mit Telefonnummern von Entgiftungsstationen und Suchtnothilfen in unserer Stadt, bei denen man im Krisenfall anrufen kann.

Bei akutem Suchtdruck rufe ich am besten entweder dort an oder jemanden aus den Selbsthilfegruppen. Von mehreren der Gruppen habe ich kleine Telefonnummernlisten. Aussprechen anstatt runterschlucken, lautet das Motto.

Gemäß dem Erfahrungsschatz verschiedener Betroffener hilft es z. B. gegen Suchtdruck, also das dringliche Verlangen nach Alkohol, viel Wasser zu trinken, den Ort des Geschehens zu verlassen und ein paar Schritte zu laufen. Solche Taktiken habe ich nicht nur im Gedächtnis, sondern auch in Unterlagen stehen, die ich in Krisenzeiten durchgehen kann. Diese Unterlagen bewahre ich so auf, dass ich sie im Krisenfall leicht finde.

Besondere Aufmerksamkeit wurde in der Therapie – wie gesagt – auch darauf gelenkt, wie wir uns stärken können. Diese allgemeine Lebensschulung (Hobbies pflegen, gute Ernährung, Sport, soziales Netzwerk aufbauen und stabilisieren, usw.) hat Versäumnisse aus meiner Kindheit kompensiert.

Möglichst keine stimmungsverändernden Substanzen konsumieren. Das ist nicht einfach in einer Zeit, in der schon einfache Alltagsprodukte wie Teelichte oder Kosmetikcremes ohne jegliche Kennzeichnung stimmungsaufhellende Substanzen enthalten.

*　　*　　*

Die Lernprozesse und Einsichten, die ich in den Therapien und den Selbsthilfegruppen erfahren durfte, hätte ich früher gebraucht. Aber sogar, als ich alt genug war, selbst solche Entscheidungen zu treffen, hatte ich ja lange keine Einsicht in die Notwendigkeit. Und als mir schon lange hätte klar sein müssen, dass ich viel zu viel Alkohol trinke, wehrte ich innerlich die Möglichkeit ab, eine Alkoholikerin zu sein. Es hätte mein Selbstwertgefühl vor schwerste Herausforderungen gestellt, mich wahrzunehmen als „eine von denen", die rumpöbeln, unangenehm riechen, die „nichts taugen", die keiner sehen und um sich haben will. Die gesellschaftliche Ächtung von Alkoholkranken hat mutmaßlich nicht nur bei mir bewirkt, dass ich mich lange gewehrt habe gegen die Einsicht, davon betroffen zu sein.

Dementsprechend lange hat es gedauert, bis ich Hilfe aufgesucht habe.

In den Gruppen wird oft gesagt, dass niemand den Weg aus der Sucht alleine schaffen kann. Das weiß ich nicht, da diejenigen, die es alleine schaffen (falls es sie gibt), ja über ihr Alkoholproblem kaum viel reden werden. Aber: ich persönlich kenne niemanden, der es ohne Hilfe von außen geschafft hat.

Ich sehe es so: aufhören mit dem Alkoholtrinken, und zwar jetzt sofort.
Oder aber Hilfe aufsuchen: jetzt sofort.
Wer weitertrinkt nach dem Motto „morgen hör ich auf, morgen ..., morgen ...", verhält sich süchtig.

Anonym organisierte Selbsthilfegruppen haben auch den Vorteil, dass man als Teilnehmer nirgendwo registriert wird. Erbeten wird nur der Vorname, und dessen Richtigkeit wird nicht überprüft. Ich selbst habe anfangs in den Gruppen einen falschen Vornamen verwendet. Das finde ich legitim. Um etwas anderes als darum, dem Alkohol zu entsagen, geht es in diesen Gruppen nicht.

*   *   *

In der Klinik, in der ich stationär war, bastelten wir uns ein Kärtchen, auf dessen Vorderseite sich in Worten und gezeichneten Symbolen das befindet, was Nüchternheit bedeutet: Sonne, Lächeln, Freunde haben, arbeiten können, usw. Die Rückseite zeigt die Folgen der Sauferei: Einsamkeit, Nervenschädigung, mich schämen, zittern bis der Arzt kommt, usw.

Bis heute habe ich so ein Kärtchen in meiner Handtasche. Lange trug ich auch ein Foto von schönen Gegenständen aus den Therapiesitzungen mit mir rum. Jetzt liegen die in einer meiner Schubladen. Für mich sind dies Talismane, die mir etwas bedeuten, und an die ich gerne denke. Sie symbolisieren wertvolle

Ressourcen, die ich erwerben durfte. „Durfte" schreibe ich, um meine Dankbarkeit auszudrücken für etwas, das keine Selbstverständlichkeit ist.

Jetzt, wo ich dies niederschreibe, empfinde ich mein Herz als mit Liebe erfüllt.

Seelen-Nasen-Profil-Neurose

Auf Kinderfotos habe ich eine schöne kleine Nase, um die ich mich später beneidete. In ausgereifter Version war meine Nase sehr markant, mit Höcker und vor allem einer klobigen Spitze. Mit ca. 33 Jahren hatte ich es endlich geschafft, sie operieren zu lassen. Leider war es die erste Nase des Chirurgen. Da ich zu feige war, um hinzugehen und zu reklamieren, bin ich viele Jahre mit der noch immer zu klobigen Nasenspitze rumgelaufen. Zudem habe ich damals bereits regelmäßig Alkohol getrunken und mir gedacht, dass ich erst reklamieren könne, wenn ich mal eine Zeit lang nichts getrunken hätte. Das stellte sich jedoch lange nicht ein, aber seinerzeit war ich noch meilenweit davon entfernt, diese Problematik zu erkennen.

Der obere Bereich an der Nasenwurzel war durch diese erste OP kleiner geworden, nur noch ein bisschen uneben. 2010 dann habe ich es nach eisernem Ansparen endlich geschafft, die Nase wieder operieren zu lassen. Dafür bin ich in eine andere Klinik gegangen.

Mit dem Chirurgen, Leiter der Plastischen Chirurgie einer städtischen Klinik, hatte ich besprochen, dass die Unebenheiten auf dem Nasenrücken abgefeilt und die Spitze zierlicher gestaltet werden sollte. Als ich am Morgen der Operation in den OP gefahren wurde, und einer der untergebenen Chirurgen mich fragte, wie es mir gehe, strahlte ich, dass ich jetzt eine schöne Nase bekommen würde. Daraufhin verdunkelte sich dessen Gesicht.

Mehrere Stunden später, zuhause vor dem Spiegel, sah ich, dass die Nase nicht viel kleiner geworden sein konnte. Trotzdem es mir seit einigen Jahren relativ gut ging, habe ich in dieser Situation einen Stimmungsabfall erlebt und mich wieder gefühlt wie damals nach der ersten OP. Das war ja eine Zeit, in der mein Leben noch voller Probleme war und ich nicht genügend Bewältigungsmechanismen zur Verfügung hatte. Diese neuerliche Erfahrung einer nicht geglückten Nasen-OP hat die Erinnerungen an die frühere Zeit, die ja voller Sorgen und Ängste war, wieder aufleben lassen.

Ein Vierteljahr später bin ich wieder in die Klinik gegangen und habe eine Nachbesserung gefordert. Der Chirurg hatte mir zugesagt, es kostenlos nochmal zu operieren, wenn mir das Ergebnis nicht gefallen würde. Dieses „kostenlos" erwies sich schließlich auch als „relativ". Denn ich musste wie bei der vorherigen OP die Blutwerte selbst bringen, und auch die Narkose schlug ein zweites Mal mit ca. EUR 300 zu Buche. Summa summarum bezahlte ich etwa EUR 3.000. Dafür musste ich mich zweimal unters Messer legen für ein und dieselbe Sache. Dafür habe ich kein einziges Mal in der Klinik übernachtet. Sonst wären nochmal EUR 300 pro Nacht (!) hinzu gekommen.

Diese für mich dritte Nasenkorrektur fand einige Zeit später statt. Der Operateur meinte, kleiner würden wir die Nase nur bekommen, wenn wir sie brächen. Ich sagte, dann brechen wir sie. Ich fragte ihn extra noch, ob ich mich darauf verlassen könne, und er bestätigte es mir.

Nach der OP kam er wieder an, so ungefähr, „Es ist gut gelaufen, wir mussten doch nicht brechen".

Meine Nasenspitze ist jetzt schön, aber der Nasenrücken steht weiter oben mehr nach vorne als nach der allerersten OP. Bei der zweiten OP wurde nämlich auf dem Nasenrücken ein Aufbau angebracht. Was bei der ersten OP abgetragen worden war, wurde bei der zweiten OP wieder aufgebaut, nämlich mit dem Ziel, sich somit eine Verkleinerung der Nasenspitze zu ersparen. Denn diese würde dann optisch weniger ins Gewicht fallen. Das war aber erstens nicht besprochen gewesen, und das wollte ich zweitens nie mehr im Leben haben. Bei der dritten OP wurde dieser Aufbau nicht wieder entfernt. Während der OP war ich narkotisiert. Da kriegt man halt nichts mit und ist wehrlos.

Schaut man jetzt schräg auf mein Gesicht, ist das hintere Auge stärker von der Nase verdeckt als nach der allerersten OP. Das empfinde ich nicht gerade als Vorteil.

Meine Atmung und mein Geruchssinn sind durch die insgesamt drei Operationen in Mitleidenschaft gezogen worden. Im Naseninneren habe ich viel Narbengewebe, das den Luftstrom behindert. Besonders nachts sind die daraus resultierenden Atemprobleme oft ziemlich belastend.

Manchmal blubbert mir ohne Vorwarnung Schleim aus dem linken Nasenloch und bildet eine kleine Blase. In satirischen Momenten denke ich mir, ich sollte erlernen, diese Blasen bewusst herbei zu führen und damit Kinder erheitern.

Mit der Klinik effizient um Einsicht in wirklich lesbare und korrekte Akten zu streiten, sowie um Schadensersatz, fiel aus wegen meiner burnout-bedingten starken Erschöpfung. Diese hatte sich weiter intensiviert. Inzwischen ist die Angelegenheit verjährt.

Ich hätte teilweise schon anfangen können, was ich doch für ein Pechvogel bin. Dann erinnere ich mich bewusst daran, aus welchen Gründen viele andere in diese Klinik gehen (Brand- und andere Unfallverletzte, usw.), und sehe mein Nasenschicksal wieder in anderer Relation.

Trotz dieser frustrierenden Erfahrungen bin ich heilfroh über meine Nase, die jetzt unauffällig ausschaut und sich gut in mein Gesicht einfügt. Trotz dieser OP-Eskapaden schaut meine Nase – zumindest für mein Laienauge – nicht operiert aus. Natürlich hat das auch mit dem Geschick des Chirurgen zu tun, der die letzte OP durchgeführt hat.

Mein Leidensdruck mit der ursprünglichen klobigen Nase war groß. Lange Jahre trug ich in mir diese Gefühle von Schuld, schmutzig sein, unwürdig sein, nervlich fertig zu sein, die von dem sexuellen und dem darauf folgenden emotionalen Missbrauch her rührten. Oft hatte ich – wider besseren Wissens – das Gefühl, man würde mir mein Verdorbensein an dieser ungeziemlichen Nase ansehen. Irgendwie passte die verdorbene Nase zu meinem Gefühl einer verdorbenen Seele.

Gegen diesen Teil meiner Nasenprobleme haben die Therapien gut geholfen.

Aber ich glaube bis heute, dass mich diese Nase wegen ihrer Klobigkeit so manche Chance auf eine ernsthafte Beziehung gekostet hat. Jetzt habe ich das Thema „Nase" abgelegt und bin zufrieden mit meinem Äußeren. Obwohl ich mir in der Zeit nach der letzten OP schon manchmal gedacht habe, dass mir mein Schicksal die schönere Nase erst gönnt, seit mir der Zahn der Zeit dafür das Thema „körperliches Altern" nachhaltiger serviert.

Der Punkt ist, dass ich irgendwann in früher Jugend angefangen habe, zu glauben, ich müsste besonders adrett und elegant aussehen, um wenigstens halbwegs akzeptierbar zu sein. Sozusagen, um meine vermeintlichen Mängel zu überlagern. Über Jahre hinweg habe ich viele Stunden gebrütet über Magazin-Fotos und sonstigem, um herauszufinden, wie es funktioniert, gut auszusehen. Zwar hat mir das natürlich viele hilfreiche Einsichten gebracht. Trotzdem aber war der Blick auf das Gesicht im Spiegel üblicherweise sehr frustrierend. Und ohne Ende habe ich natürlich von einer Schönheits-OP geträumt. Überhaupt war es lange Jahre kennzeichnend für mein Leben, dass ich nicht im Hier-und-Jetzt gelebt habe, sondern für eine Zukunft, von der ich nur hoffen konnte, dass sie irgendwann mal eintritt.

Und das erinnert mich frappant an diese häufige Missbrauchs-Erfahrung, dass ich gefühlt aus meinem Körper ausgestiegen bin auf der Flucht vor diesen unsäglichen Qualen. Einen vollständigen Wiedereinstieg in mein Leben habe ich Jahrzehnte lang nicht geschafft. Wenngleich mein Alltag auch schon früher oft erfüllt war von nährenden Empfindungen, Ideen, Ereignissen und auch Chancen.

Heute kann ich mich mit meinem Leben gut arrangieren. Auch wenn da noch immer viel Schmerzhaftes ist, wegen dessen ich mich manchmal nicht innerlich niederlassen kann. Therapeutisches an der Seele kratzen kann man auch nur in gewissem Ausmaß ertragen.

*   *   *

Was ich an mir besonders mag, ist meine Phantasie. Als ich mich nach dem Mobbing so schlecht und schmutzig fühlte, habe ich mir ein faszinierend schönes helles Licht vorgestellt, das in schönsten Farben schillert und perlt. Habe mir vorgestellt, dass ich, wie jeder Mensch, aus solchem Licht bestehe. Dass dieses faszinierende Licht aus mir heraus strahlt und meine Aura prägt. Es kann höchstens von düsteren Gedanken und Erlebnissen verdeckt werden. Aber nicht verändert, nur verdeckt.

Logisch fundiert habe ich dies mit meiner Ansicht, dass ich von Gott geschaffen wurde und – wie es ja oft heißt – jeder von uns göttliche Merkmale in sich trägt.

An mein Bildnis dieses schillernden Lichtes zu denken, hat mir oft geholfen, wenn mein Ego gerade wieder mal Land unter zu schwappen drohte. Wenn dieses Gefühl, ein unwürdiges und gleichzeitig ungeheuerliches Nichts zu sein, mich zu versengen drohte.

*   *   *

Mein Leben war geprägt davon, mich ausgeschlossen zu fühlen. Über die Vergewaltigungen durfte ich nicht sprechen. Diese Seelenqualen haben aber massiv in mir gearbeitet. Am alltäglichen Familienleben konnte ich nur begrenzt teilhaben, da große Teile meiner Aufmerksamkeit mit der Bewältigung der erlittenen Gewalt beschäftigt waren. Schon dieses allein gelassen werden mit Problemen solchen Ausmaßes stellt eine schwere Missachtung und Kränkung dar. Dazu kam, dass ich ja sowieso für schuld befunden wurde an allmöglichen Problemen in der Familie.

Mich für die Gemeinschaft, in der ich lebte, zu öffnen, hätte bedeutet, mich für diese Anschuldigungen und Kränkungen zu öffnen. Ich hatte zwar auch Freundschaften und nahm am üblichen Leben teil, etwas in mir war jedoch stets einsam und verbunkert.

In diese Seelenbereiche durfte keiner hin, wenn ich überleben wollte.

Mich in eine Psychotherapie zu schicken, davon war, soweit ich mich erinnere, nie die Rede. „Das Kind braucht viel Liebe" hatte der Hausarzt unserer Familie mal gesagt. Eine Psychotherapie – oder gar noch eine Familientherapie – wäre wohl wie ein Eingeständnis der eigenen Fehlerhaftigkeit wahrgenommen worden. Damals, in den Sechziger- und Siebziger Jahren, war Psychotherapie auch noch nicht so populär wie heute.

*   *   *

Vieles, das sich im Alltag ereignete, kam mir vor, als würde es mich nicht betreffen. Dies ging bis spät in mein Erwachsenenalter hinein.

Insbesondere in solchen Zeiten, in denen es mir schlecht ging, erlebte ich es manchmal so, dass das übliche Leben nicht für mich da war. Zwitscherten die Vögel im Frühling, so war das für die Anderen. Gab es Ankündigungen besonderer Theatervorstellungen oder ähnliches, war es für die Anderen. Und so fort. Weite Teile dessen, was ich alltagsmäßig wahrnahm, erlebte ich als zu einer anderen Welt gehörend als der, in welcher in selbst existierte.
Dieses Empfinden projizierte sich seinerzeit auf meine klobige Nase. Sie im Spiegel zu sehen, war für mich oft wie ein Schubser zurück in mein Schneckenhaus.

Was Andere erlebten, erschien mir als das wahre Leben. Mein eigenes Leben kam mir vor wie ein schemenhafter Abklatsch davon. Wie ein Dasein im Nebel, abgetrennt durch eine unsichtbare Wand. Wie in einem Transitbereich zwischen dem Diesseits und der Anderswelt. Statt Anderswelt könnte ich auch Jenseits sagen. Ich habe noch keinen Begriff gefunden für diese Welt jenseits des alltäglich Anfassbaren. Denn alle in Frage kommenden Begriffe enthalten Teilbedeutungen, die meiner Vorstellung davon nicht genau entsprechen. Irgendwann wird mir schon was einfallen.

Ich weiß nicht mehr genau, seit wann ich bewusst an Gott glaube. Es muss irgendwann in meiner Jugendzeit gewesen sein, dass ich meine innere Haltung zu solchen Fragen ausfindig gemacht und angenommen habe. Obwohl ich all die Jahre durchgehend an Gott geglaubt habe und dies bis heute tue, hege ich gegenüber den irdischen Ansagen dazu eine kritische Distanz. Mir ist es besonders wichtig, gerade in solchen Dingen meine ureigenste Haltung zu pflegen und zu verteidigen. Sie zu verteidigen ist nicht schwer, denn ich gehe mit meinem Gottesbild nicht hausieren. Das ist meine Privatsache, und ich entscheide, wann und wie ich darüber rede.

Dennoch ist es für mich sehr wichtig, über Spirituelles offen reden und mich darüber austauschen zu können. Auch Selbsthilfegruppen bieten den geschützten Rahmen, in dem ich das gut kann.

Als Kind stellte ich mir Gottes Wirken so vor, dass ich als kleines irdisches Menschlein etwas „von oben" erhalte. Später kamen Gedanken dazu, dass Gott – wie es oft gesagt wird – durch uns Menschen agiert. Inzwischen achte ich darauf, mir keinen zu engen Interpretationsrahmen zu stecken, denn ich will offen sein für möglichst vielfältige Inspirationen und neue Lerninhalte. So ist es für mich unerheblich, ob Gottes Hilfe von außerhalb kommt und direkt zu mir, oder über andere Menschen. Oder ob sich das Ganze nur innerhalb meiner Seele abspielt. Solchen

Dingen nähere ich mich bewusst von der praktischen Seite und schaue, mit welcher Methode ich gerade am besten weiter komme.

Hier war ich inspiriert durch keltische Symbole

Wenn ich zurück blicke, sehe ich, dass ich zeitlebens eine rege Kommunikation mit Wesen der anderen Welt pflegte. Alltagsmäßig rede ich mit verstorbenen Verwandten, mit Schutzengeln und mit Gott. Inzwischen habe ich mir angewöhnt, mich öfter zu bedanken dafür, dass es mir gut geht, und auch für alle möglichen Dinge, die gut gelaufen sind.

Sehr oft – ich fühle mich gerade zähneknirschend, während ich das hier niederschreibe – bettele ich Gott und Andere in der drüberen Welt um Hilfe an. Ich könnte jetzt sagen, Gott schickt mir Sorgen, damit ich überhaupt mal mit ihm rede. Naja, kleiner Scherz am Rande.

Als ich schon Einsicht hatte in meine Alkoholsucht, aber noch immer trinken musste, flehte ich manchmal weinend die Schutzengel an, mir doch zu helfen. Oder in anderen Situationen, wenn bestimmte Stressoren mich stärker belasteten, bat ich Gott anhaltend um Unterstützung. Seit vielen Jahren erlebe ich es so, dass meine Rufe gehört werden, und ich auf mein Bitten hin Erleichterung erfahre. Allerdings nicht so, dass die Stressoren kurzfristig von mir genommen werden würden. Sondern ich bekomme weitere Ideen, wie ich vorgehen könnte, fühle mich insgesamt besser und vor allem zuversichtlicher.

Als ich eine Zeit lang wegen starker Stressoren Gott ziemlich oft um Hilfe anbettelte, erlebte ich einmal auffallend, dass zwar der Stressor weiterhin bestand, ich aber nicht mehr mit stärkerer Angst und negativen Gedanken auf den Stress reagierte. Da wurde mir erst richtig bewusst, dass meine negativen Reaktionen keine zwangsläufige Konsequenz auf den Stress waren, sondern vielmehr ein Relikt aus früheren Zeiten, das jetzt keinen Sinn mehr hat. Derartigen Stressoren kann ich inzwischen gelassener entgegen stehen. Solche Erfahrungen sind schön, und ich berichte sie in den Selbsthilfegruppen.

Dieses Bild, das ich frei assoziierend gemalt habe, drückt Lebensfreude aus. Im Nachhinein betrachtet sehe ich Elemente, die wie Blüten und Konfetti in der Frühlingssonne tanzen.

Dieses Bild habe ich ebenfalls frei assoziierend gemalt.

Der Hase suchte Ackerland.
Er stets den grantigen Igel fand.

Wie gesagt habe ich als Folge der Gewalt in meiner Kindheit Probleme mit Nähe. Dies betrifft seelische Nähe ebenso wie körperliche. Merke ich, dass meine Beziehung zu jemandem enger wird, spuckt mein Unbewusstes automatisch Distanzierungsverhalten aus. Leider geschieht dies nicht selten in Form von Kränkungen.

Ich habe lernen müssen, dass ich mich selbst nur dadurch davon abhalten kann, andere zu kränken, dass ich rechtzeitig auf genügend emotionale Distanz achte. Das setzt voraus, dass ich überhaupt merke, wann es mir in einer zwischenmenschlichen Beziehung zu eng wird. Also konnte ich mit dem Abbau meines kränkenden Verhaltens überhaupt erst beginnen, nachdem ich gelernt hatte, meine eigenen Befindlichkeiten wahrzunehmen. Und zwar rechtzeitig. Hart war es, über viele Jahre hinweg realisieren zu müssen, wie machtlos ich gegenüber meinem eigenen Verhalten bin. Bis ich die Zusammenhänge überhaupt begriffen habe, dürfte ich schon deutlich über 40 Jahre alt gewesen sein.

Auch rein physisch kommt die Angst vor Nähe zum tragen. Zwar kann ich mich sehr wohl mit anderen zum Beispiel zur Begrüßung umarmen. Dennoch wabert in mir stets ein starker Wunsch nach Distanz. Ebenso stark ist aber mein Bedürfnis nach inniger Nähe, seelisch wie körperlich. Dieses Dilemma bestimmt mein Leben bis heute.

Ich fühle mich nicht nur wie ein „Rühr-mich-nicht-an", sondern ich gebärde mich auch so. Irgendwie muss ich mein Stresslevel ja schließlich im Zaum halten. Angefasst zu werden, ist einer meiner größten Alltagsstressoren. Hinzu kommt die starke Angst davor.

Angeschaut werden, ins Visier genommen werden, angefasst werden, markierten in meiner Kindheit den Beginn brutaler Gewalttaten. Und deren Folgen stecken bis heute in jeder Faser meines Körpers. Meine Ängste vor Nähe resultieren aus archaischen Todesängsten. Die brutalen Prägungen mit schönen Erfahrungen zu überlagern, hat nicht genügend stattfinden können, weil dies durch die gründlich wirkenden Distanzierungsmechanismen lange verhindert wurde. Die Folgen der Tabuisierung von Kindesmissbrauch kreierten eine Spirale weiterer Traumatisierungen. Dennoch: Die Hoffnung auf eine befriedigende intime Beziehung zu einem Mann ist äußerst hartnäckig. Ich glaube, die werd ich haben, bis ich irgendwann in die Grube falle.

Jedenfalls macht es mir den Garaus, ständig angetatscht zu werden. Insbesondere im Sommer, wenn wegen kurzärmeliger Kleidung beim Anfassen Haut auf Haut trifft, ist es für mich schwierig. Ständig bin ich auf der Hut. Oft wünschte ich mir eine Art Echsenhaut, die mit Abstand über meiner menschlichen Haut sitzt, die all die Belästigungen von mir fern hält, und die sich selbst reinigt.

Die in meiner Kindheit erlernte Hilflosigkeit hat sich gefühlsmäßig in meiner Haut festgesetzt. In dem Organ, das mein Inneres von der Umwelt abgrenzt.

Meine seelische Echsenhaut hat mich Jahrzehnte lang von anderen Menschen fern gehalten. Kränkungen und andere krank machende Erfahrungen konnte sie mir aber trotzdem nicht ersparen.

Häufig blicke ich hinter mich, um den mich umgebenden Raum zu kontrollieren. Manchmal, wenn ich nicht so gut drauf bin, kann es mir schon Adrenalinstöße bescheren, wenn mich Jemand aus mehreren Metern Entfernung nur anschaut.

Solche psychischen Mechanismen sehe ich als Bestandteil von Opferverhalten. Darauf, ins Visier genommen zu werden, reagiere ich nachhaltiger mit erhöhter Aufmerksamkeit. Die Interaktion zwischen einem potentiellen Täter und mir hat damit bereits begonnen.

Meine Reaktionen signalisieren, dass bei mir die Überzeugung, dass ich gewaltsam unterliegen kann, nicht erst mühevoll vom Täter geschaffen werden muss. Meine erhöhte Reagibilität darauf, Aufmerksamkeit zu erhalten, wirkt auf potenzielle Gewalttäter vermutlich einladend.

Aber es geht ja nicht nur um Gewalttäter, sondern um verschiedenste Arten sozialer Interaktionen, die ich – zumindest in einem bestimmten Moment – nicht möchte. Da hab ich mit meiner hohen Reagibilität alltagsmäßig viel zu bewältigen.

Bei so manchem Streit provozierenden Verhalten denke ich mir, dass viele Leute lieber Konflikte in Kauf nehmen, als überhaupt nicht wahrgenommen zu werden.

Für Menschen, die sich einsam fühlen, deren soziale Kompetenzen oder sonstige Möglichkeiten aber nicht dafür ausreichen, sich befriedigendere Versionen menschlicher Zuwendung zu verschaffen, ist jemand, der so leicht reagiert wie ich, ein geeignetes Objekt, um überhaupt irgendeine Art von Zuwendung zu erringen.

So gab es an einem meiner Arbeitsplätze eine Reinigungsfrau, die sich offenkundig sehr von mir angezogen fühlte. Irgendwann fiel mir auf, dass sie, wenn ich morgens kam, stets in der Nähe war. Anfangs kam sie, wenn ich schon da war, um im angrenzenden Büro, zu dem die Tür offen war, in Ruhe sauber zu machen. Ich bin dann, um für mich Distanz herzustellen, teilweise länger aus dem Büro gegangen, um anderes zu erledigen, aber meistens, wenn ich wieder kam, war sie immer noch da.

Ich habe ihr schon signalisiert, dass mich das stört. Darauf hin hörte es auf, aber stattdessen erwartete sie mich halt einige Flure vom Büro entfernt und war weiterhin stets in der Nähe, wenn ich morgens kam. Im Laufe des Vormittags war sie aber sehr oft auf dem Flur vor meinem Büro. Teilweise wischte sie die wenigen Quadratmeter Boden vor meinem Büro außergewöhnlich lange, einmal über 40 Minuten.

Ich kam morgens nicht immer zur gleichen Zeit, aber egal, wann ich kam, sie war für hofrecht da. Oft befand sie sich in einem Zimmer ca. drei Türen weiter, und schaute, sobald ich kam, aus dieser Türe heraus mich an.

Manch Anderem wäre so etwas vielleicht gleichgültig gewesen. Nicht selten hätte ich viel darum gegeben, es ignorieren zu können. Aber dieses ständige ins Visier genommen zu werden hat meine – seit früher Kindheit hoch aktiven – Alarmglocken schrillen lassen und mir zugesetzt. Ich habe es einfach nicht geschafft, darüber hinweg zu sehen.

Eine Zeit lang habe ich morgens andere Wege genommen, um zu meinem Büro zu gelangen. Aber jedes Mal empfing sie mich zwei, drei Tage später auch an diesen anderen Zugängen. Als ich morgens würfelte für die Entscheidung, welchen Weg ich nehmen würde, damit sie es nicht vorher sehen konnte, fing sie wieder an, mich direkt auf dem Flur meines Büros zu empfangen.

Hatte ich doch irgendwie geschafft, ihr auszukommen, war sie noch öfters an dem Vormittag auf dem Flur, um mich doch noch sehen zu können. Dass ihr Verhalten darauf zielte, mich zu sehen, war nicht mehr zu leugnen. Nach meinem Eindruck wollte sie mich mindestens einmal täglich gesehen haben.

Am häufigsten kam es vor, dass sie aus der Türe der schräg gegenüber liegenden Toilette kam, sobald ich aus meinem Büro heraus kam. Dies ereignete sich so häufig (fast täglich pro Vormittag etwa drei bis fünf Mal), dass ich es einfach nicht mehr für Zufall halten konnte. Ich gehe davon aus, dass sich die Frau hinter der Türe des Toiletten-Vorraumes beschäftigt scheinend aufgehalten hat und dann, wenn sie meine Tür gehört hat, heraus gekommen ist.

Wiederholt habe ich ihr gesagt, dass mich ihr Verhalten stört, aber sie ließ nicht mit sich reden. Einmal hat sie mir ruckartig ihren Schrubber hingehalten und geschimpft: „Was willst du?"

Mich belastete die Angelegenheit immer mehr. Zuerst musste ich nur an sie denken, wenn ich mich morgens meinem Büro näherte. Nach einiger Zeit kamen die Gedanken an diese Belästigungen schon sonntags nachmittags, und irgendwann war ich soweit, dass ich fast rund um die Uhr daran denken musste.

Das zeigte sich als schwerer Eingriff in mein Seelenleben. Ich konnte an fast niemanden mehr denken, ohne dass die Gedanken an diese aufdringliche Reinigungsfrau sich dazu schoben. Innige Gefühle zu spüren für Menschen, die ich mag, war nicht mehr drin, denn solches zu teilen mit den Gedanken an diese Frau, hätte mir das Messer im Leib umgedreht.

Das war für mich besonders belastend. Denn es schnitt mich ab von den seelisch nährenden Gedanken an liebe Menschen und rückte mich näher an diese Frau hin. Das verstärkte mein Gefühl des Ausgeliefertseins.

Einem Rat folgend habe ich für die Frau gebetet, und darauf hin bemerkt, dass ich ihr entspannter begegnen konnte. Das wiederum hat aber das Ausmaß ihrer Aufdringlichkeiten gleich wieder steigen lassen.

Eine Zeit lang passte sie mich auch beim holen der Abteilungspost ab, worauf hin ich das Postholen auf eine spätere Zeit am Nachmittag verlegte.

Überhaupt kannte diese Reinigungsfrau meine Wege teilweise besser als ich selbst. Als ich einmal auf die Toilette ging, und sie den Flur entlang kam, überlegte ich, ob ich denn meistens um diese Zeit auf die Toilette ging. Habe es darauf hin beobachtet, und dem war tatsächlich so.

An Orten, zu denen ich regelmäßig ging, befand sie sich häufig bereits, wenn ich dort ankam. Es war wie in der Geschichte vom Hasen und dem Igel. Wie ich es auch anstellte: für hofrecht war sie bereits da.

Meinen Vorgesetzten wollte ich nicht ansprechen, da ich Befürchtungen hatte, dann selbst als die Problematische dazustehen. Meine wiederholten Anrufe bei unterstützenden Institutionen haben auch nicht viel gebracht.

Mehrfach habe ich mich bei den Vorgesetzten der Reinigungsfrau über die Aufdringlichkeiten beschwert und darauf hingewiesen, dass solche Belästigungen zu unterbinden seien. Einmal konnte ich hören, wie die Frau angewiesen wurde, mir aus dem Weg zu gehen. Lange hat das aber nicht geholfen.

Im fortgeschrittenen Stadium dieser Angelegenheit sah ich die Frau infolge meiner immer nachhaltigeren Gegenwehr manchmal Wochen lang nicht. Aber irgendwann fing es immer wieder an.

Meine gefühlte Hilflosigkeit belastete mich enorm.

Von Seiten der Reinigungsfirma wurde ich als Verursacherin der Probleme hingestellt. Mehrere unschöne Begebenheiten musste ich noch aushalten, bis das ganze schließlich nachließ. Der Druck, den ich im Laufe der Zeit aufgebaut hatte, zeigte irgendwann doch Wirkung.

Zurück blickend kann ich sagen, dass ich frühzeitig die Belästigungen hätte protokollieren sollen und mich dann mit diesen Protokollen an meinen Vorgesetzten wenden. Aber wie es halt so läuft: Diese Einsicht hatte ich erst im Nachhinein.

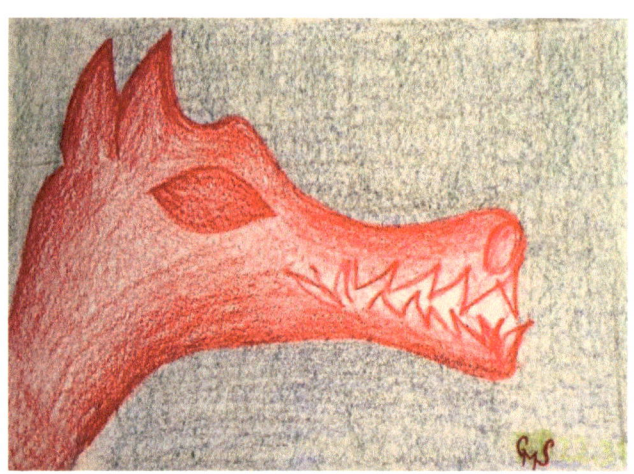

Da wollte ich ein Seepferdchen malen. Weiß jetzt nicht, ob es ein solches ist oder eher ein Drache. Jedenfalls ist es ein freundliches Wesen, das die Augen vertrauensvoll geschlossen hat und munter redet. Bei späterer Betrachtung dachte ich mir, dass die unteren Zähne schon fast platt gedrückt sind vom endlosen schweigenden Zähnepressen.

Ernte aus Sironas[5] Füllhorn

Seit vielen Jahren arbeite ich an mir. Als ich um die zwanzig war, habe ich Kurse zu autogenem und mentalem Training besucht. Zudem lese ich alles Mögliche zu Themen, die das seelische Wohlbefinden oder sonstige Gesundheitsfragen betreffen. Das hat mir viel gebracht.

Besonders gut finde ich das Üben von Fingeryoga (Mudras). Da ich diese Übungen bequem im Sitzen ausführen kann, hat der innere Schweinehund da kaum eine Chance. In meinen diesbezüglichen Büchern[6] stehen zu jeder Übung meditative Texte. Die Fingerübungen kombinierte ich mit den Gedankenübungen in den Büchern. Selbst wenn ich die Texte nur durchlas, tat mir das sehr gut. Die aufmunternden und Mut machenden Texte konnte ich oftmals richtig gut brauchen.

In einer Phase, in der es mir ziemlich schlecht ging, übte ich manchmal 30-45 Minuten pro Tag, ansonsten oftmals nur ein paar Minuten. Solche Übungen entspannen und zentrieren mich. Ich konnte auch schon beobachten, dass mehr Menschen meine Nähe suchten, wenn ich zuvor intensiver Mudras geübt hatte.

Oft schlug ich im Register des Buches das mich gerade plagende Wehwechen nach und machte dann die entsprechende Übung. Ängste und Wutgefühle lagen bei mir lange Zeit an der Spitze. Aber auch für Wunscherfüllung gibt es Übungen: Die Spitzen von Daumen, Zeige- und Mittelfinger drei Mal zusammendrücken und dabei fest an das Gewünschte denken.
Solche Übungen halfen mir oft, um Ängste und negative Gedankenketten wegzudrücken und durch Positives zu ersetzen.

---

[5] Sirona: keltische Göttin der Quellen und der Heilung
[6] Siehe Literaturverzeichnis am Ende des Buches

Zu meiner großen Freude bemerkte ich eines Tages, dass ich die Mudras so verinnerlicht habe, dass ich sie in verschiedenen Situationen unbewusst ausführe. Sie prägen meine Gestik.

Händefalten wie beim Beten mache ich manchmal, wenn ich in mich gehen will, aber auch oft in solchen Situationen, in denen ich tiefe Gefühle spüre. Etwa, wenn ich an einen geliebten Menschen denke. Diese Mudra einer inneren Sammlung hilft mir, Gefühle zu kanalisieren. Wenn mich zum Beispiel eine Sehnsucht plagt, kommt es mir manchmal so vor, als könnte ich mit Händefalten wenigstens einen kleinen Teil dieser Gefühle nach außen leiten.

Jedenfalls war Fingeryoga längere Zeit eine meiner beliebtesten Techniken, um einen heilsameren Umgang mit meinen Gefühlen zu finden.

*　　*　　*

Der Umgang mit den schier zwanghaften ständigen negativen Gedankenketten war viele Jahre lang eine meiner größten Herausforderungen. Während des Mobbings war mein Denken ohnehin von diesen Vorgängen und den entsprechenden Ängsten völlig besetzt. Aber auch in den Jahren danach kreisten meine Gedanken ohne Ende um Trauriges, das sich ereignet hatte, und um solches, das sich ereignen könnte. Frühmorgens nach dem Aufwachen waren es die ersten Gedanken, schon während des Einsetzens des Bewusstseins.

Lange hat es gedauert, bis mir überhaupt klar wurde, dass ich diese Gedankengänge hinterfragen und ändern kann. Ich empfinde diese Gedankenmechanismen als psychische Störung, die ähnlich wie Depressionen oder übersteigerte Ängste jeglicher Logik zum Trotz immer wieder kommen.

Um dagegen anzukämpfen musste ich mich erst mal davon überzeugen, dass sich mein Leben wirklich zum Besseren wenden kann. Das ist allerdings schwer, wenn einem das Schicksal immer wieder einen richtigen Hammer auf den Deckel geknallt hat.

Aber zu meinem Erbe aus der früheren Beziehung mit dem Heilpraktiker gehört unter anderem die Überzeugung, dass ich allein mit meinen Gedanken schon viel bewirken kann. Z. B. dadurch, dass ich meine Aufmerksamkeit in die Richtung des Erwünschten lenke, in der dann tatsächlich Wege zum Erreichen des Zieles aufscheinen.

Das Mobbing und anderes Schlimmes konnte ich damit nicht verhindern. Aber ein unerschütterlicher Glaube daran, dass ich es noch schaffen werde, ein besseres Leben zu leben, hat mich alle Phasen von Verzweiflung und Katastrophenängsten überstehen lassen und vieles abgemildert.

Zudem gilt es – bis heute – den negativen Gedanken etwas Positives entgegen zu setzen. Mir etwas Schönes bildhaft vorzustellen, ist dafür ein probates Mittel. Oder etwas Schönes zu gestalten durch Malen, Basteln, etc., oder entsprechendes in Gedanken schon mal vorzubereiten.
Seit einigen Jahren gehe ich übrigens regelmäßig in eine Malgruppe, in der frei assoziativ gemalt wird. Das ist Seelenbalsam und Sinnesnahrung gleichzeitig.

Dass ich irgendwann die Rückmeldung erhalten hätte, bei mir läge eine Begabung zum Malen oder Zeichnen vor, kann ich mich nicht erinnern. Darum geht es auch nicht bei diesem assoziativen Malen. Mir bereitet es Freude, mich auszudrücken, und das Ergebnis anschauen zu können.

W. Halbinger beschreibt in seinem Buch über Karikaturenzeichnen[7] die Entwicklung unserer kindlichen Kreativität, mit der wir aus unserem Gedächtnis alles hervorholten, was wir brauchten für die Lösung jeden zeichnerischen Problems. Und er schreibt, dass diese Kreativität blockiert wurde, als man uns klar machte,

---

[7] Siehe Literaturverzeichnis am Ende des Buches

dass unsere Bilder falsch seien, weil nicht genügend naturalistisch.

Es ist bei mir auf jeden Fall so, dass ich lange Jahre nur die zwei Alternativen kannte: Entweder ist mein Werk ausstellungsreif oder zeigt wenigstens eine eindeutige künstlerische Begabung, oder es ist schlichtweg nicht zu gebrauchen. Erst im Laufe meines Erwachsenenlebens habe ich gelernt, dass es da auch noch andere Wertigkeiten gibt.

Inzwischen kann ich es zulassen, wenn ich meine eigenen Werke schön finde oder einfach gerne mag, völlig unabhängig von äußeren Wertmaßstäben. Und auch unabhängig davon, ob jemand anderes mein Werk gut findet.
Genau das erweist sich stets aufs Neue als Quelle unerschöpflicher Lebensfreude. Ob das nun narzisstisch, egozentrisch oder irgendwie komisch ist, kann mir herzlich egal sein. Meistens bin ich richtig verliebt in meine Werke und könnte sie stundenlang anglotzen. Dementsprechend platziere ich sie so in meiner Wohnung, dass ich sie möglichst oft sehe.

Seit ich mal eine sehr inspirierende Ausstellung über die Geschichte der Buchmalerei gesehen habe, verziere ich auch meine gekauften Bücher, z. B. vorne im Bereich des Titels und der Verlagsangaben, mit buntem selbst Gekritzeltem. Das gibt mir was.

Ebenso wichtig für mich ist kreatives Schreiben. Schon als Kind habe ich viel gelesen, um nicht zu sagen, alles, was mir in die Finger kam. Von Wild-West- über Abenteuer- und Liebesromane bis hin zu jedem noch so banalen Werbeblättchen habe ich Zeile um Zeile begierig abgefräst. Damals glaubte ich, es würde mir schaden, auch so oberflächliches wie Groschenromane zu lesen. Heute weiß ich, dass gerade durch diese Mischung meine Fähigkeit zur Handhabung verschiedener sprachlicher Stile geschliffen wurde.

Später besuchte ich Schreibkurse verschiedenster Art. Wenn ich heute Texte verfasse und sehe, wie ich meine Gedanken zu Papier bringen kann, dann freue ich mich über die Ergebnisse.

Je nach Stimmung schreibe ich Kurzgeschichten, Gedichte, Essays, oder wonach mir gerade zumute ist. Zuweilen auch sachbezogene Briefe an alle möglichen Institutionen oder Zeitungsartikel, sowie Leserkommentare. Viele meiner Texte werden keineswegs mit offenen Armen entgegen genommen. Aber es ist eine stete Quelle seelischer Fülle und Prosperität, meinem inneren Rededrang nachgeben zu können. Vor allem entwickeln sich viele Gedanken ja erst während des Redens oder Schreibens. Und was in meinen Stapeln so vor sich hin dümpelt, das liegt da erst mal ganz gut. Deko-Pflänzchen drüber und fertig!

Eventuell hat eine gewisse Neigung zur Unordnung in der Wohnung auch damit zu tun, dass ich mit diversen Stapeln schließlich meine Schätze im Auge habe.

*   *   *

Das Gefühl, es dürfe mir nicht gut gehen, zeigte sich nicht direkt. In meiner Kindheit war es so, dass vieles, das ich anpackte oder auch nur gut fand, misslang oder als schlecht deklariert wurde. Dass meine Meinungen und Wünsche nicht tolerierbar sind, wurde mir nachhaltig beigebracht. Die Fähigkeit zu dem Gefühl, etwas gut gemacht zu haben, konnte ich als Kind nicht entwickeln. Ebenso hatte Freude wenig Bestand, da sie mir für hofrecht baldigst verdorben wurde.

Zum Beispiel hatten meine Eltern irgendwann ein Plastikbassin für uns Kinder gekauft. Als ich herausgefunden hatte, wie ich mich darin mit gutem Gefühl bewegen konnte und dies ausgiebig getan hatte, war schon am nächsten Tag der Boden dieses Bassins durchlöchert. Damals rätselten wir, wer diesen Sabotageakt fertig gebracht hat. Zurückblickend denke ich, dass es X. war. Denn er hat die ganzen Jahre lang systematisch alles zerstört, was meiner Lebensfreude auch nur irgendwie zuträglich war.

Bei spielerischen Erkundungsgängen im angrenzenden Wald entdeckte ich beispielsweise mal eine Ecke mit Büschen, die sehr schön mit Efeu bewachsen waren, und die mir wie ein kleines Häuschen vorkamen. Ich wusste, dass ich keinem sagen sollte, dass mir das gefällt, da es nur wieder runtergemacht werden würde. Eines Tages erzählte ich es doch, und schon wenige Tage später war das Efeu-Häuschen zerstört.

Ich bemerkte Jahre lang, dass ich mich schwer tat, angefangenes fortzuführen. Ob das von diesen Erfahrungen in meiner Kindheit kommt, weiß ich natürlich nicht. Aber dass es gar nichts damit zu tun haben sollte, kann ich auch nicht so recht glauben.

Die Gefühle, dass es mir nicht gut gehen darf und nicht gut gehen kann, die ich Jahrzehnte lang hatte, sind nach meiner Meinung auch darauf zurück zu führen.

Heute zählt für mich, wie gesagt, mich auf Positives zu konzentrieren. Ein fruchtbares Erbe meines Studiums ist mein unerschütterlicher Glaube an die Entwicklungsfähigkeit lebender Organismen.

Besondere Dankbarkeit empfinde ich für die Menschen in den Selbsthilfegruppen. Und dafür, dass ich den Weg in diese Gruppen gefunden habe. Dort habe ich gelernt, meine Seeleninhalte zu reflektieren und darüber zu sprechen. Musste ich mich in den ersten Jahren noch zwingen, in diese Gruppen zu gehen, freue ich mich inzwischen darauf, mit den Anderen zu palavern und mich auszutauschen. Das Wissen, dass ich dort stets willkommen bin, und dass man sich gegenseitig hilft, ist eine sehr wichtige Ressource für mich.

*   *   *

Manchmal denke ich an Schilderungen von schrecklichen Erlebnissen, in denen es als besonders belastend erzählt wird, dass man hätte sterben können, ohne dass jemals irgend ein Mensch erfahren hätte, was sich ereignet hat. Wenn zum Beispiel jemand an einer sehr abgelegenen Stelle in eine Gebirgsschlucht gestoßen wurde, aus der er sich nicht allein befreien konnte, und wo derjenige auch mutmaßlich nie gefunden worden wäre. Teilweise wird gesprochen von einem tief sitzenden essentiellen Bedürfnis, bedeutende Erfahrungen mitzuteilen. Zeugnis abzulegen über das, was einem widerfahren ist.

Jetzt schau ich mir an, wie mir zeitlebens - direkt oder indirekt – verboten wurde, über den Missbrauch zu reden. Zuhause schon, wenn ich diese schrecklichen Erlebnisse mitteilen wollte, hieß es, ich solle nicht solche Lügen erzählen. Im Gegenteil wurde mein seelisch blutendes Mitteilenwollen gleich benutzt, um mich zu diffamieren als Querulantin und als Lügnerin, die darüber hinaus schuld ist an den Problemen der Familie. „Was haben wir für Sorgen, weil sich das nervenschwache Kind so aufführt." Und der Täter war fein raus.

Viele Jahre lang habe ich es abgekauft, was ich doch für schwache Nerven hätte. Heute sehe ich, dass ich schon damals Nerven wie Drahtseile gehabt haben musste, um diese körperlichen und ebenso schweren seelischen Misshandlungen überhaupt durchstehen zu können. So dass ich mich noch wenigstens als halbwegs durchschnittlicher Mitläufer entwickeln konnte.

Später, außerhalb der Familie, waren die Mittel, mich bezüglich des Missbrauchs zum Schweigen zu bringen, subversiver. Von falschen Erinnerungen war dann die Rede. Davon, mich nur wichtig machen zu wollen, für mich irgendwelche Vorteile raus schinden zu wollen, und lauter solche Hiebe unter die Gürtellinie.

Seltsamerweise wurde dieses Thema auch von meinen Psychotherapeuten weitgehend abgebogen. Naja, heute wird diesem Themenkomplex wahrscheinlich mehr Aufmerksamkeit gewidmet. Hoffentlich. Obwohl ich auch sagen muss, dass es im

Rahmen einer Psychotherapie war, in der mich der Therapeut überhaupt erst darauf brachte, dass meine Symptomatik auf sexuellen Missbrauch schließen lässt. Diese Spur habe ich dann natürlich weiter verfolgt. Und die Indizien, aufscheinende Inhalte meines Seelenlebens, häuften sich und zeigten ein immer klareres Bild dieser blutverkrusteten Wunden meiner Seele. Diese Wunden konnten nicht heilen. Denn meine Seele hat schon früh den Mantel des Vergessens darüber gebreitet, damit ich mich wenigstens genügend angepasst entwickeln konnte, um in unserer Kultur existieren zu können.

Als ich eine Zeit lang Autobiografien las von Missbrauchsopfern, fiel mir auf, dass die meisten über dreißig Jahre alt waren, als diese Inhalte wieder in ihr Bewusstsein drängten. Ich vermute, dass das Unbewusste, das Lebenserhaltende, die Inhalte erst wieder zur Bearbeitung frei gibt, wenn die Ablösung vom Elternhaus abgeschlossen ist, etwa im Alter von Ende 20. Erst das dann entstandene Ausmaß an emotionaler Unabhängigkeit bietet scheints genügend inneren Boden, um sich dieser Wunden annehmen zu können. Die inneren Verletzungen haben nur geschlafen und drängen dann umso machtvoller ins Bewusstsein. Diese Wunden wollen geheilt werden. Die betroffen Seelenanteile brauchen Verständnis, Schutz, Fürsorge, behutsames Verarbeiten.

Aber was sie vor allem brauchen wie Luft zum Atmen und Wasser zum Trinken: Zuhörer. Zeugen. Und sei es nur ein einzelner Therapeut, eine Freundin oder der Partner. Oder eine Internet-Gemeinschaft. Wer auch immer.

Es braucht Zeugen.

Wenn ich mir das vor Augen halte, sehe ich erst das gravierende Ausmaß der seelischen Zerrüttung, der Missbrauchs-Überlebende bis heute ausgesetzt sind. Auch noch dreißig, fünfzig, siebzig Jahre nach den körperlichen sexuellen Gewalttaten. Diese Tabuisierung, die die Täter schützt, und die es den Nicht-Betroffenen erspart, sich mit solchen Grausamkeiten auseinandersetzen zu müssen, ist in ihrer Wirkung auf die, die es erleiden mussten und müssen, eine gesellschaftlich organisierte Form von psychischer Gewalt.

Glücklicherweise ist die öffentliche Benennung sexueller Gewalt gegen Schwächere oder Abhängige häufiger geworden. Aber das ist ein Tropfen auf dem heißen Stein, schaue ich mir den Alltag von Betroffenen an. Aus einschlägigen Erzählungen geht hervor, dass Viele auch im hohen Alter bis heute nicht den Mut haben, die persönliche Betroffenheit im familiären Umfeld zu thematisieren. Zu tief sitzt, was einem beigebracht wurde: Wenn du dieses Thema anschneidest, schadest du nur dir selbst, das aber gewaltig. Die Keulen, die da geschwungen werden, führen einem die eigene Verletzlichkeit und Endlichkeit – abermals – wirksam vor Augen.

Zahllose Alltäglichkeiten können die schmerzlichen Erinnerungen wachrufen aufgrund von Ähnlichkeiten mit der ehemaligen Tatsituation.

Und wie ein Zahnrad in das andere greift, so treffen diese Erinnerungsschmerzen bei den Mitmenschen auf ein eingespieltes Geflecht aus Blicken, Schweigen, kritisierenden Bemerkungen, und so weiter, um diese „lästigen" Themen unter der Decke zu halten. Ein ungeschriebenes, aber hoch wirksames Gesetz zwischenmenschlichen Lebens.

Manchmal, wenn ich andere Menschen sehe, frage ich mich, was für Geschichten diese wohl zu erzählen hätten. Dass meine persönlichen Erfahrungen mit Kindesmissbrauch, Mobbing, Alkoholismus, oder welchen Schicksalsschlägen auch immer, dramatischer sind als die anderer Betroffener, glaube ich keineswegs. In diesem Buch geht es mir nicht vorwiegend um meine eigene Person.

Vielmehr denke ich, dass etliche von uns gerne mehr erfahren möchten über solche Ereignisse und überhaupt darüber, wie es ihren Mitmenschen so ergeht.

Schmetterling mit Mimikri-Elementen

Nachfolgend eine Auswahl der Bücher, deren ganze oder teilweise Lektüre mir im Laufe vieler Jahre geholfen hat, mich weiter zu entwickeln und meine Probleme besser zu verstehen. Ungeachtet evtl. neuerer verfügbarer Auflagen sind hier die Ausgaben genannt, mit denen ich gearbeitet habe.

J. Appel/D. Grosser, Jedes Wort kann ein Segen sein – Heilsame Segenswünsche selbst verfassen, 1. Auflage. Schirner Verlag, Darmstadt, 2014.

J. Bauer, Das Gedächtnis des Körpers – Wie Beziehungen und Lebensstile unsere Gene steuern, 1. Auflage. Piper Verlag, München, 2004.

W. Butollo/R. Karl, Dialogische Traumatherapie – Manual zur Behandlung der Posttraumatischen Belastungsstörung. Klett-Cotta, Stuttgart, 2012.

F. W. Doucet, Traum und Traumdeutung – Träume nach neuesten psychologischen Erkenntnissen gedeutet und erklärt, 11. Auflage. Wilhelm Heyne Verlag, München, 1983.

J. Faulstich, Das heilende Bewusstsein – Wunder und Hoffnung an den Grenzen der Medizin. Knaur Taschenbuch, München, 2008.

J. Faulstich, Das innere Land– Bewusstseinsreisen zwischen Leben und Tod. Knaur Taschenbuch, München, 2006.

L. Francia, Der wilde Blick, 1. Auflage. Verlag Frauenoffensive, München, 2000.

M. Godwin, Engel – Eine bedrohte Art. Wilhelm Heyne Verlag, München, 1995.

W. Halbinger, Karikaturen zeichnen für Einsteiger: Idee – Umsetzung – Beispiele. Augustus Verlag, Augsburg, 1998.

D. Harbour, Achtung, Energie-Vampire – Das Praxisbuch für den psychischen Selbstschutz, 3. Auflage. Integral Verlag, München, 2000.

J. L. Herman, Die Narben der Gewalt – Traumatische Erfahrungen verstehen und überwinden. Kindler Verlag, München, 1993.

C. Heynold, Engel – Liebe ist der Weg, 2. Auflage. Windpferd Verlagsgesellschaft, Aitrang, 2000.

M.-F. Hirigoyen, Die Masken der Niedertracht – Seelische Gewalt im Alltag und wie man sich dagegen wehren kann. Verlag C. H. Beck, München, 1999.

G. Hirschi, Mudras – Yoga mit dem kleinen Finger, 5. Auflage. Verlag Hermann Bauer, Freiburg im Breisgau, 1999.

S. Hühn/M. Köhler, Schamanische Fantasiereisen – 18 Meditationen in die Untere, die Mittlere und die Obere Welt. Schirner Verlag, Darmstadt, 2010.

C. G. Jung/M.-L. von Franz/J. L. Henderson/J. Jacobi/A. Jaffé, Der Mensch und seine Symbole, Sonderausgabe. Walter Verlag, Olten, 1968.

P. Levine/A. Frederick, Traumaheilung – Das Erwachen des Tigers. Synthesis Verlag, Essen, 1998.

M. Mala, Magische Hände – Freude und Wohlbefinden durch die gelenkte Kraft der Mudra. Heinrich Hugendubel Verlag, München, 1997.

D. Ornish, Die revolutionäre Therapie: Heilen mit Liebe – Krankheiten ohne Medikamente überwinden. Wilhelm Goldmann Verlag, München, 2001.

G. Parlow, Zart besaitet – Selbstverständnis, Selbstachtung und Selbsthilfe für hochsensible Menschen. Festland Verlag, Wien 2003.

F. R. Paturi, Heilbuch der Schamanen – Mit Trommelrhythmen und Naturweisheiten das Bewusstsein verändern und das Wissen der Schamanen nutzen. W. Ludwig Buchverlag, München, 1999.

Ch. Rätsch, Die Steine der Schamanen – Kristalle, Fossilien und die Landschaften des Bewusstseins. Verlag Eugen Diederichs, München, 1997.

J. Ruland, Krafttiere begleiten Dein Leben, 10. Auflage. Schirner Verlag, Darmstadt, 2009.

U. Schaffer, Grundrechte – Ein Manifest. Kreuz Verlag, Stuttgart, 1988.

R. Sheldrake/T. McKenna/R. Abraham, Denken am Rande des Undenkbaren – Über Ordnung und Chaos, Physik und Metaphysik, Ego und Weltseele, 2. Auflage. Piper Verlag, 1997.

M. J. Smith, Sage Nein ohne Skrupel – Die neue Methode zur Steigerung von Selbstsicherheit und Selbstbehauptung, 4. Auflage. mvg-Verlag, München/Landsberg am Lech, 1993.

C. C. Tipping, Ich vergebe – Der radikale Abschied vom Opferdasein, 9. Auflage. J. Kamphausen Verlag, Bielefeld, 2004

R. Wyre/A. Swift, Und bist Du nicht willig ... - Die Täter. Volksblatt Verlag, Köln, 1991.

Von Gabriele Maria Simondes erschienen bisher in der Reihe

LITERATUR – *Senioren schreiben für Senioren*
(unterstützt vom Seniorenbeirat der Landeshauptstadt München):

Heft Winter 2016/17
- Buchbesprechung: Arwed Vogel, „Der Roman. Planen – Schreiben - Veröffentlichen", Allitera Verlag, 2014
- Buchbesprechung: Bonni Goldberg, „Raum zum Schreiben – Creative Writing in 200 genialen Lektionen", Autorenhaus Verlag, 2004/2012

Heft Frühjahr 2017
- Buchbesprechung Arwed Vogel, „Wie Anna den Krieg fand", Allitera Verlag, 2016
- Der Duft von Wald und Wiese
- Wolpertinger

Heft Sommer 2017
- Botschaften der Seele
- Momente des Glücks

Heft Herbst/Winter 2017/18
- Komm her zu mir …..
- Miteinander reden? Ach herrje!